The Two Kinds of Knowledge

by E. W. KENYON

The Two Kinds of Knowledge
by E.W. KENYON

ⓒ 1966
KENYON'S GOSPEL PUBLISHING SOCIETY, INC.
Printed in U.S.A.

2015 / Korean by Word of Faith Company, Korea.
Translated and published by permission
Printed in Korea.

두 가지 지식

발행일   2015. 1. 24   1판 1쇄 발행
　　　　 2024. 2. 2   1판 2쇄 발행

지은이   E. W. 케년
옮긴이   이은지
발행인   최순애
발행처   믿음의 말씀사
2000. 8. 14 등록 제 68호
우)16934 경기도 용인시 기흥구 신정로 301번길 59
TEL. 031) 8005-5483 FAX. 031) 8005-5485
http://faithbook.kr

ISBN 89-94901-59-0 03230
값 6,500원

* 성경구절은 개역개정판을 기준으로 삼음.
본 저작물의 저작권은 '믿음의 말씀사'가 소유합니다.
저작권법에 의해 보호를 받는 저작물이므로 무단 전재와 복제를 금합니다.

새로운 종류의 지식과 생명으로 이끌어 줄 인도자

두 가지 지식

E. W. 케년 지음 | 이은지 옮김

믿음의말씀사

| **목차** |

첫 마디 _ 6

들어가는 말 _ 7

1장   감각 지식의 성과와 한계 _ 13

2장   계시 _ 17

3장   감각 지식에 대한 사실들 _ 21

4장   "경험이 최고의 선생이다" _ 27

5장   감각 지식의 한계 _ 35

6장   일곱 가지 중요한 추측들 _ 41

7장   하나님은 영이시다 _ 45

8장   영의 갈망에 대한 하나님의 응답 _ 53

9장   세 가지 증언 _ 59

10장 말씀이 감각 지식에 대해 말하는 것 _ 65

11장 우리의 감각과 말씀 _ 73

12장 계시 지식의 열매를 구하며 감각으로 행하는 것 _ 79

13장 영생을 받는 법 _ 85

14장 계시에 대한 요약 _ 91

결론 _ 106

첫 마디

    이 책은 불안정한 이 시대의 심령을 어루만지는 중요한 문제에 대한 도전적인 연구입니다.

    믿음의 경계표들이 거의 모두 지워졌습니다.

    우리는 빛 가운데로 인도해 줄 그 길을 찾고 있습니다.

들어가는 말

"아니요, 저는 성경이 계시라고 받아들일 수 없습니다."

"왜 그렇습니까?"

"성경은 기적의 책이기 때문이죠. 성경은 기적으로 시작하고 기적을 지지합니다. 우리가 예수님께로 오기 전까지 치유하는 사람들이란 모두 기적을 행하는 사람들이었어요. 예수님은 인간에게서 태어난 가장 뛰어난 분이라고 저는 생각합니다. 그러나 그분이 자연적 생식natural generation과 상관없이 잉태되었다는 사실은 받아들일 수 없습니다. 저는 부활도 이해할 수 없습니다. 부활과 성령으로 잉태되었다는 것은 모두 인간의 경험과 이성에 반대되는 것들입니다. 기적 같은 것들은 존재하지 않습니다."

"그렇지만 당신은 하나님이 계시다는 것을 믿지 않으십니까?"

"우리가 이해할 수 없는, 인간의 지식의 범주를 넘어선 어떤 세력이 있다는 것은 믿습니다. 하지만 개인적인 하나님에 관해서라면 제게는 아무런 증거도 없습니다. 저는 40년 동안 물리학,

화학, 생물학 분야에서 과학적 연구를 해 왔지만 하나님을 찾을 수 없었습니다."

"만약 하나님이 존재하시고 그분이 탁월한 사랑의 하나님이시라는 사실이 증명될 수 있다면 당신은 하나님이 계시다는 것을 믿으실 것입니까?"

"네, 그럴 겁니다. 그러나 그분을 찾을 길은 없습니다. 제가 인간의 모든 연구결과들을 뒤져 봤지만 그분은 거기에 없었습니다."

"박사님, 만약 제가 박사님께 그분을 찾을 방법이 있다고 말씀드린다면 그것을 신뢰할 수 있을 것 같습니까? 그 전에 먼저 박사님이 왜 그런 사고방식을 갖고 계시는지 알려드리겠습니다. 아시다시피 오늘날 역학, 화학, 야금학 그리고 과학 분야에서 우리가 가진 모든 지식은 하나의 근원에서 나왔습니다."

그 박사는 매우 흥미로운 듯이 쳐다보았습니다. 그의 날카롭고 지적인 눈이 커졌습니다. "네, 저도 그것을 알고 있습니다."라며 박사는 말을 이었습니다. "이 모든 지식은 우리의 오감으로부터 옵니다."

"저도 종종 그것에 대해 생각해 봤습니다. 오감, 즉 청각, 후각, 미각, 촉각, 시각은 두뇌로 들어가는 문입니다."

"그렇습니다, 박사님. 하지만 우리는 이 오감을 하찮게 여길 수 없습니다. 이 다섯 가지 감각을 통해 세상은 놀라운 지식을 얻어 왔기 때문입니다. 박사님이 어렸을 때 전기 자동차가 막 나왔습니다. 하지만 사람들은 이미 나와 있던 증기 자동차에 대해서만 글을 쓰고 있었습니다. 전기는 오늘날 우리가 보는 것처럼 그 당시 사람들에게는 거의 알려지지 않았습니다. 박사님은 인간의 역사상 가장 위대한 발명과 창조의 시대를 살아 왔습니다. 지난 70년간 얻은 모든 지식은 인간의 오감을 통해서 온 것이었습니다. 학교와 대학에서 배운 모든 지식은 우리가 감각 지식이라고 부르고 있는 것입니다."

박사는 낮고 떨리는 목소리로 다시 말했습니다. "당신이 언급한 것처럼 감각 지식에는 한계가 있습니다. 심각한 한계가 있습니다."

상대방이 그에게 대답했습니다. "우리는 감각을 통해 하나님을 알 수 없습니다. 우리가 그분을 발견할 수 있었다면 상황은 달라졌을 것입니다. 우리는 창조의 이유뿐만 아니라 인간이 존재하는 이유도 알 수 없습니다. 인간의 모든 연구를 통해서는 빛과 생명, 천체 운동과 중력 그리고 세상을 당황하고 혼란스럽게 하는 수백 가지 일들의 근원을 찾을 수 없습니다.

아시다시피 박사님, 감각 지식은 세상 만물 가운데 있는 분명한 계획을 설명할 수 없습니다. 그러나 과학과 역학 시대에 필요한 모든 것들은 세상 만물에 있는 금속과 화학, 식물 그리고 공기와 물에서 충족되고 있습니다. 이 사실만으로도 누군가가 그것을 계획했다는 사실이 증명됩니다. 역학과 화학의 시대가 올 것이라는 것을 알고 누군가가 그것을 준비한 것입니다."

박사는 그저 동의했습니다. 그의 친구가 말했습니다. "그렇다면 당신은 그 한계를 알아차렸다는 말이군요. 이제 제가 당신에게 이 문제의 해답을 제시해드리고자 합니다. 당신에게 감각 지식이 직면한 틈 사이를 연결해 줄 다리를 놓아주고 싶습니다. 감각 지식의 한계에 다다를 때마다 인간은 바로 철학자와 추측가가 되어버린다는 것을 박사님도 아실 것입니다."

박사는 미소 지으며 말했습니다. "과학 서적의 대부분은 아름다운 추측들이죠. 다윈과 같은 부류에는 추측가란 없습니다."

그러면서 그는 점점 심각해진 얼굴로 말했습니다. "그 해답이 무엇입니까?"

그의 친구는 대답했습니다. "그것은 또 다른 종류의 지식입니다. 우리는 그것을 소위 계시 지식이라 부릅니다. 이 문제를 토의하기 위해 잠시 동안, 하나님이 계시고 우리가 사는 이 멋진 세상이 하나님에 의해 계획되고 창조되었다고 가정해 봅시다. 그리고 하나 더, 인간이 그 멋진 세상에 나타났다고 가정해 봅시다. 이 땅은 인간을 위해 존재합니다. 하나님은 곧 나타날 인간을 위해 이 땅을 창조하셨습니다.

이런 가정은 창조의 이유와 인간이 존재하는 이유를 설명해 줄 수 있을 것입니다. 그리고 인간의 본성을 제시해 줄 수도 있을 것입니다. 인간은 하나님과 같은 부류의 영적인 존재였을 것입니다. 하나님께서 그분의 벗으로 삼기 위해 인간을 창조하셨습니다.

그 때 만약 하나님께서 직접 창조한 그 사람과 소통하시고자 했다면 그것은 가장 자연스러운 일이었을 것입니다. 그리고 하나님께서 인간과 소통하셨다면, 그분은 인간의 수준으로 내려오셔야 했을 것입니다. 그것은 감각이 이해할 수 있는 의사소통이어야 했을 것입니다. 감각 지식의 영역에서 의사소통이 이루어졌을 것입니다.

그것은 그분이 지배하는 사람, 즉 그분의 통치에 자신을 양보한 사람들을 통해 기록되어야 했을 것이고, 그분이 그들을 감동시키셨을 때 글로 기록되었습니다."

박사는 위를 올려다보며 말했습니다. "신뢰할 만한 말이지만 그것은 기적입니다."

"하지만 박사님도 아시다시피 영적인 것은 물질적인 것만큼 실제적이어서 물질적인 실재만큼 영적인 실재들도 있습니다.

하나님은 영이십니다. 인간도 영입니다. 인간은 몸 안에 삽니다. 그는 지성과 이성으로 이루어진 혼을 가지고 있습니다.

우리가 무의식이라고 부르는 것은 그 사람의 진짜 존재인 그의 영외에는 없습니다. 인간의 영은 하나님께서 사람과 소통하시고, 사람이 그분과 소통할 수 있는 가장 일반적인 곳입니다.

그래서 우리가 성경이라 부르는 책이, 사람들이 실제로 요구하는 이성적이고 자연적인 것입니다.

모든 인간에게는 신앙심이 있습니다. 이것은 하나님을 향한 영적 갈망입니다. 인간은 진정으로 하나님을 갈망합니다. 이것은 그가 하나님의 동반자가 되기 위해 창조되었기 때문입니다. 인간은 하나님을 그리워하는 존재입니다. 당신도 하나님을 찾는 존재라는 사실을 인정하게 될 것입니다."

멋지고 아름답게 머리카락이 빗어 넘겨진 박사의 머리가 숙여졌습니다. 머리에 손을 댄 채 그는 아무 말도 하지 않았습니다. 잠깐 동안의 침묵이 지나고 그가 말했습니다. "이것이 사실인지 알고 싶습니다. 만약 성경이 계시라면 그것은 인간의 문제를 해결해 주었을 것입니다."

그들 사이에 다시 침묵이 흐른 뒤 박사는 친구에게 말하기보다는 스스로에게 말했습니다. "성경이 우리에게 창조의 이유와 그 기원, 생명과 빛의 근원을 알려주는 군요. 계시 지식이 감각 지식에 얼마나 필요한 것인지 이제 알겠습니다. 이 지식들은 결코 서로 분리되어선 안 됩니다."

이것은 한 호텔의 로비에서 있었던 대화였습니다.

이 대화는 학계를 이끌고 있는 석학들의 사고방식을 보여주는 단면일 것입니다.

이 대화의 내용이 지금 여러분이 읽고 있는 이 책의 주제를 알려줄 것입니다. 이제 이 책을 읽으시고 그렇게 사십시오!

1 장

감각 지식의 성과와 한계

   세대를 통해 축적되어 온 방대한 양의 지식이 오감을 통해 왔다는 사실을 인식하는 사람은 많지 않습니다. 인간의 몸은 그동안 인간의 모든 활동과 관련해 시험하고 조사하는 실험실이었습니다.

   화학과 역학, 야금학, 의술, 정신과학 그리고 예술 분야에서의 모든 발전은 오감이라는 공통적인 하나의 원천에서 비롯되었습니다.

   변변찮게 남용된 감각인 오감은 온갖 종류의 지식을 두뇌에 전달해온 다섯 수하들로써, 두뇌는 그 지식을 미래에 사용하기 위해 분류하고 번호를 매기며 정리하여 보관합니다.

   에디슨은 백열등을 만들기 위해 삼천 번 이상을 실험했던 것으로 전해집니다.

   라디오와 계산기, 타자기와 같은 발명품들은 맨 처음 고안된 이래 일련의 실험과 계발을 거쳐 탄생되었습니다.

이런 사실들을 통해 우리는 오늘날 우리가 역학, 과학 그리고 화학계에서 보유하고 있는 지식들을 얻기 위해 인간이 힘든 인내의 연구 작업을 해 왔다는 사실을 알게 됩니다. 우리는 과학 연구 분야에서 인고의 작업을 한 사람들에게 찬사를 보내고 싶습니다. 그들은 각자의 분야에서 온갖 수고를 통해 우리에게 유익을 주었습니다.

오감, 즉 시각, 촉각, 청각, 미각, 후각이 이 모든 지식의 근원입니다.

이 감각들은 항상 신뢰할 만한 것은 아닙니다.

감각은 사고나 부주의, 과로나 과용으로 인해 손상될 수 있기 때문에 신뢰되어서는 안 됩니다. 감각은 절대적인 진리가 아닙니다.

감각을 통해 발견된 사실들은 계속 수정되고 있습니다.

감각의 한계들은 알려졌고 예측됩니다.

그러나 감각이 이루어 온 일들은 훌륭했습니다.

우리는 한순간도 그것들을 비난하지 않았습니다.

우리는 감각의 미개척 분야가 어디인지도 알고 있습니다.

감각은 사물의 기원을 알 수 없습니다.

감각은 실험의 마지막 영역에 도달해야만 추측할 수 있습니다.

감각은 창조의 이유나, 인간이 생겨난 이유와 기원, 생명과 천체 운동과 물질과 힘의 기원에 대해 아무 것도 알지 못합니다.

감각의 한계를 드러내는 이런 미개척 분야의 끝에 설 때, 인간의 마음은 불만족을 느낍니다.

인간의 마음은 지식을 갈망하여서 무의식적으로 추측에 근거한 이론들을 전개하기 시작합니다.

이성에는 내세울 수 있는 자료나 확실한 사실들이 없습니다. 이성은 단지 지금 꿈을 꾸고 이론을 세울 수 있을 뿐입니다.

다윈 박사는 인간의 실험이 보여줄 수 있는 것의 마지막 한계점에 서 있었습니다. 그는 큰 한계에 도달했었습니다.

다윈의 진화론은 창조의 이유와 물질, 빛, 천체 운동 그리고 중력의 기원에 대한 그의 부족한 지식에서 탄생되었습니다.

그는 자신의 연구가 위기에 처했을 때 그 벌어진 틈에 다리를 놓아 그의 발이 견고한 땅을 밟을 수 있도록 도와줄 계시 지식을 받아들이려 하지 않았습니다.

그의 감각 지식이 하나님을 찾을 수 없자 그는 하나님을 믿을 수 없었습니다.

감각 지식은 하나님의 작품과 창조 속에 담긴 디자인은 볼 수 있지만, 그것의 설계자인 하나님을 발견할 수는 없습니다. 감각 지식은 종종 설계자가 존재한다는 사실을 인정하기 꺼려합니다. 왜냐하면 감각 지식으로는 그분을 발견할 수 없기 때문입니다.

인간은 그가 해부한 식물에서 생명을 찾을 수 없었지만 생명이 있다는 것은 인정했습니다.

인간은 생각을 볼 수 없었지만 그것을 믿었습니다.

인간은 두뇌의 기능을 볼 수 없었지만 두뇌가 기능한다는 것을 알았습니다.

감각 지식의 범주를 넘어선 것을 인정하지 않는 사람에게는 다소 모순이 있는 듯합니다.

감각 지식이라는 망원경이 그 사람의 시야를 정합니다.

거기서 다윈은 가설을 세워 이론화하기 시작했고, 우리에게 그 위대한 가설을 주었습니다. 바로 진화론입니다.

다윈은 계시 지식으로만 설명될 수 있는 지점에 도달했었습니다.

그는 계시 지식을 거부하고 감각 지식의 어둠 속으로 발을 내디뎠습니다.

그는 건널 수 없는 간격들을 추측으로 하나둘씩 메워갔습니다.

그에게 필요했던 잃어버린 연결 고리는 하나님에 대한 계시였습니다.

하나님을 믿지 않았기 때문에 그는 관찰 대상이 되는 모집단으로부터 해결책을 찾아야만 했습니다.

계시가 그의 제한된 지식을 보완해 주었었다면 그는 그 시대 하나님을 믿었던 켈빈 경Lord Kelvin 및 다른 위대한 과학자들과 어깨를 나란히 하며 서 있었을 것입니다.

그러나 그는 계시 지식을 거부했고 창조와 관련해 수백 군데의 알 수 없는 문제들에 봉착했었다는 것을 잊어버렸습니다.

만약 현대 교육자들이 감각 지식의 한계를 깨닫고, 성경이 그들이 찾는 것에 대한 열쇠를 쥐고 있다는 것을 알 수 있었다면 그들은 창조의 이야기에 대한 진정한 결론을 내렸을 것입니다.

2 장

계시

성경은 세상의 많은 책들 가운데 홀로 서 있습니다.

다른 책들과 구별되는 성경의 두드러진 특징은 그것이 하나님으로부터 인간에게 온 계시라는 것입니다.

성경은 인간의 순종을 요구하며 인간이 성경에 종속된 존재라고 주장합니다.

성경을 과학 논문이라고 칭하지 않지만 그것은 모든 과학의 어머니입니다.

성경은 교육 체계와 박애주의 기업경영, 그리고 역학, 화학, 생물학적 발견들을 낳았습니다.

이 계시의 책이 한 국가에 소개되기 전까지 어떤 나라도 특허법이나 저작권법을 필요로 하지 않았습니다.

독일어로 성경이 기록될 때까지 독일에서는 화학과 역학 분야가 깨어나지 않았습니다.

영국도 마찬가지였습니다.

이 계시는 우리가 이해할 수 있는 언어로 감각 지식의 수준에서 우리에게 다가왔습니다.

그것은 창조의 이유에 대한 계시입니다.

그것은 창조의 방법, 곧 어떻게 세상이 믿음에 의해 실제로 존재하게 되었는지에 대한 계시이며, 그 창조주는 믿음의 하나님이십니다.

이것은 감각 지식이 수집한 모든 사실들과 완벽하게 조화를 이룹니다.

역학, 건축학, 그리고 산업계에서 물건들을 만드는 존재는 믿음을 가진 인간입니다.

믿음은 인간 안에 있는 창조적인 힘입니다.

믿음은 창조주 안에 있는 창조적인 힘입니다.

하나님은 단순히 "존재하라"고 말씀하셨습니다.

성경은 인간과 인간의 본성, 그리고 인간의 운명에 대한 이유를 알려주는 계시입니다.

성경은 생명의 근원에 대한 계시입니다.

성경은 죄와 죄의 기원, 그리고 죄의 지배와 권세로부터의 인간의 속량에 대한 계시입니다.

성경은 유대 국가가 존재하는 이유에 대한 계시입니다.

성경은 인류 역사상 가장 탁월한 인물인 갈릴리 사람, 예수님에 대한 계시입니다. 그분은 죽음에서 부활하심으로써 하나님의 아들이심을 입증했습니다.

성경은 합법적인 근거 위에 있는 완벽한 속량의 계시입니다.

성경은 그리스도 예수 안에서 창조된 새로운 피조물에 대한 계시입니다.

성경은 하나님의 가족, 곧 창조주의 염원 속에 있는 인간의 위치에 대한 계시입니다.

성경은 죄와 고통, 죽음 그리고 그것들의 마지막 파멸에 대한 계시입니다.

성경은 새 하늘과 새 땅 그리고 영원한 축복 가운데 하나님과 영원히 함께 하는 인간에 대한 계시입니다.

이 계시는 감각 지식에 필요합니다.

이 계시는 감각 지식을 완벽하게 합니다.

이 계시는 죄로 인해 그리고 잘못된 사고의 계승으로 인해 타락해 온 인간의 지성이 창조주 하나님과의 완벽한 교제 속으로 들어갈 수 있는 방법을 알려줍니다.

이것은 아버지로서의 하나님, 그리고 사랑의 하나님으로서의 아버지 하나님에 대한 계시입니다.

계시 지식에 대한 부정과 저항은 이 계시 지식에 따라 성장과 발전을 이룬 근대 학자들의 지성에 가장 어리석은 오점이 되었습니다.

3 장

감각 지식에 대한 사실들

어느 누구도 원자를 본 적은 없습니다. 그러나 과학계는 전적으로 원자의 존재를 믿습니다.

어느 누구도 전자를 본 적이 없지만, 인간은 전자를 찾는 데 많은 시간을 쏟았습니다.

스크린에 펼쳐진 무성 영화는 시각 장애인에게 아무런 의미가 없습니다.

시끄러운 라디오는 청각 장애인에게 아무런 의미가 없습니다.

심오한 영적인 일들은 감각 지식의 사람에게는 아무 의미가 없습니다. 그런 사람은 책이나 지도 교사 없이 다락방에 묶인 아이처럼 자신의 영적 본성의 성장을 방해하고, 속박하며, 계발하지 않았습니다.

시편 기자가 "내 영혼을 옥에서 이끌어 내서 주의 이름을 감사하게 하소서"라고 울부짖은 것이 놀랍습니까?

몸이 이성을 붙들고 있는 것과 똑같이 이성도 영을 붙들고 있습니다.

몸이 이성을 지배할 때, 반드시 혼란과 재앙이 일어납니다.

이성이 영을 지배할 때 재앙이 불가피하다는 것도 사실입니다.

누군가는 "그렇지만 어떻게 제 영을 성장시킬 수 있나요?"라고 묻습니다.

영의 성장은 아버지 하나님과의 교제와 그분의 계시를 통해 이뤄집니다.

이 계시 안에 담긴 아버지의 뜻을 알고 깨달을 수 있을 때까지 마음은 새로워집니다.

이 계시를 먹임으로써 심령은 아버지와의 가장 가까운 교제 속으로 들어갑니다. 그리고 그런 삶은 아버지가 뜻하시는 수준으로 맞춰집니다.

감각 지식의 책을 읽으면 감각 지식이 계발되는 것과 같이 영의 음식으로 만들어진 계시를 읽고 묵상함으로 영은 성장합니다. 왜냐하면 "사람이 떡으로만 살 것이 아니요 하나님의 입으로부터 나오는 모든 말씀으로 살 것이기"마 4:4 때문입니다.

우리는 그분의 계시를 받아들였고 그분이 인간이심을 압니다.

우리는 그분이 우리의 영에 그분 자신을 나타내실 수 있기 때문에 감각의 실재를 확신하는 것처럼 영적 실재도 확신한다는 것을 압니다.

우리는 그분이 창조주이시며, 세상을 지탱하시고 다스리시는 분이라는 것을 압니다.

우리는 그분이 영이시라는 것을 압니다. 그리고 인간은 그분과 같은 부류인 영적인 존재이며 그분의 본성에 참여한 자가 될 수 있다는 것을 압니다.

우리는 인간이 그분과 만날 수 있다는 것을 압니다. 그래서 인간은 그분과 대화할 수 있고 하나님은 인간의 음성을 들으십니다.

우리는 하나님이 인간과의 교제 속에서 가장 큰 기쁨을 찾으신다는 것과 인간도 하나님과의 교제 속에서 최고의 발전을 이룬다는 것을 압니다.

하나님은 믿음의 하나님이시며 그분은 믿음의 말씀으로 이 우주를 만드셨다는 것을 우리는 압니다. 이 우주는 그분이 만드신 사람의 집이 되어야 했습니다.

그분이 "빛이 있으라"고 말씀하시자 빛이 생겼습니다.

그분이 "땅이 있으라"고 말씀하시자 땅이 생겨났습니다.

그 후 그분이 "초목이 있으라"고 말씀하시자 그렇게 되었습니다.

"동물이 있으라"고 하시니 그렇게 되었습니다.

"우리가 사람을 만들자"라고 하시니 그렇게 되었습니다.

또한 "하늘에 빛들이 있어 땅 위를 비추게 하라"고 말씀하시자 해와 달과 별과 별자리들이 하나님의 믿음의 요람으로부터 즉시 생겨났습니다.

감각 지식에 대한 사실들

그분은 믿음의 하나님이실 뿐만 아니라 사랑의 하나님이십니다.

그분은 사랑이십니다.

그분에게는 믿음이 있습니다.

당신은 많은 시대에 걸쳐 창작가와 발명가들 안에 인간의 영으로부터 비롯된 타고난 믿음이라는 것이 존재해 온 이유를 이해할 수 있습니다.

인간이 이룬 모든 위대한 업적은 믿음의 성과였습니다.

하나님의 위대한 업적은 믿음의 성과입니다.

그 업적들을 낳은 것은 사랑입니다.

이제 당신은 하나님께서 당신의 영으로부터 그분의 말씀 안에 있는 믿음을 요구하시는 이유를 이해할 수 있습니다. 하나님은 감각을 통해서 당신과 소통하실 수 없기 때문입니다.

그분은 당신의 영과 소통하실 수 있습니다.

믿음은 감각의 산물이 아닙니다. 그것은 당신의 영의 산물입니다.

결과적으로 그분은 당신의 믿음, 즉 이성이 아닌 당신의 영으로부터의 믿음을 원하십니다.

"너는 네 마음과 혼과 뜻을 다해 주 너의 하나님을 사랑하라"고 말씀하셨을 때, 그분은 인간의 영에 말씀하고 계신 것이었습니다. 인간의 이성은 사랑할 수 없기 때문입니다.

인간의 이성으로는 여자나 남자를 사랑할 수 없습니다.

사랑하는 것은 바로 당신의 영입니다.

우리는 심령의 사랑에 대해 말합니다. 그 심령이란 영에 대한 비유적인 용어일 뿐입니다.

그러므로 믿음은 영의 산물이며 당신의 영이 바로 진정한 당신입니다.

당신의 이성이 몸 전체를 지배하듯이 당신 안에 있는 영이 당신의 이성을 지배해야 합니다.

4장

"경험이 최고의 선생이다"

이것은 감각 지식의 슬로건입니다.

"보는 것이 믿는 것이다"라는 말은 또 하나의 인기 있는 슬로건입니다.

계시 또는 믿음의 지식은 감각 지식만을 가진 사람에게는 터무니없고 불가능해 보입니다.

만약 인간이 영적인 존재이고 하나님의 동반자가 되기 위해 창조되었다는 사실을 알지 못했다면 제게는 소망이 없었을 것입니다. 그러나 저는 인간의 영이 하나님을 갈망한다는 것을 압니다. 그리고 자신 안에 있는 이룰 수 없어 보이는 것에 대한 갈망과 지속적인 동경을 그가 이해할 수 있느냐 없느냐는 문제가 되지 않습니다.

저는 그 갈망이 하나님을 찾는 것임을 압니다.

그런 갈망 때문에 그는 춤을 추러 다닐 수도 있습니다.

그런 갈망 때문에 그는 술을 마실 수도 있습니다.

그런 갈망 때문에 그는 자신의 울부짖음에 결코 답을 주지 못하는 온갖 종류의 방법들을 찾아다닐 수도 있습니다.

그러나 올바른 메시지가 그에게 전해진다면 그의 영은 다스리는 자리로 와서 그의 이성으로 하여금 영의 소리를 듣게 할 것입니다.

우리는 이런 엄청난 사실을 인식해 본 적이 없습니다. 두 종류의 지식이 있습니다.

하나는 인간의 영과 관계있으며 다른 하나는 그의 감각과 관계있습니다.

우리는 영의 갈망이 육체적 또는 감각적 갈망처럼 실재적이라는 사실을 인식하지 못했습니다.

우리는 성경이나 계시 지식이 본래는 영의 부르짖음에 대한 답으로서, 영의 갈망을 만족시키기 위해서 창조주에 의해 계획된 것이라는 사실을 알지 못했습니다.

예수님은 그것을 아셨습니다. 왜냐하면 그분은 "사람이 떡으로만 살 것이 아니요 하나님의 입으로부터 나오는 모든 말씀으로 살 것이라"고 말씀하셨기 때문입니다.

예수님은 인간의 몸뿐만 아니라 그의 영을 위해 사역하시고자 오셨습니다.

예수님이 감각 영역에서 행하신 기적들은 그분이 하나님이시라는 사실을 감각 영역의 사람들에게 입증하시기 위한 것이었습니다.

계시나 믿음의 지식은 감각 지식보다 상위의 영역에 있습니다.

감각 지식의 사람들이 그것을 납득하기란 어렵습니다.

그들은 경험으로 많은 것을 배워 왔기에 이제 은혜로 지식을 알아야 한다는 것은 그들에게 어려운 일입니다.

모든 감각 지식은 노력으로 옵니다.

은혜의 지식은 믿음으로 옵니다.

그것은 매우 혁명적인 일이어서 그들이 그 지식을 이해하기란 어렵습니다.

감각 지식은 모두 힘든 노력과 응용 그리고 희생으로 얻어졌습니다.

산업 분야나 전문 분야 또는 발명, 창조 분야에서 최고에 오른 사람은 그가 이룬 모든 과정이 자기 부인과 고된 노력에 의해 이루어진 것임을 알고 있습니다.

저는 지금 그 사람이 감각 영역에서 알아 온 것보다 더 뛰어난 것을 가지고 그에게 왔습니다. 그리고 그것은 바로 믿음의 기초 위에 있는 은혜가 전부라고 말합니다.

그는 실없는 사람이 아닙니다. 그는 정직한 사람입니다.

놀란 눈으로 저를 쳐다보며 그는 말합니다. "그런 일은 있을 수 없습니다. 만약 열심히 노력한 것과 같은 통로를 통해 이 영적 지식을 얻을 수 있다면, 저는 그것을 받아들일 수 있을 것입니다. 그러나 당신은 제가 논리적으로 설명할 수 없는 것을 믿음으로 받아들이라고 제게 요구하고 있습니다. 저는 그런 것을 이해할 수 없습니다. 당신은 예수님이 성육신하셨으며, 하나님이 육신을 입고 나타나셨던 것이라고 말합니다. 그것은 제가 알아 왔던 것과는 상반된 사실입니다. 하나님께서 예수님께 저의 죄를 씌워 그분이 죄가 되게 하셨고, 그분이 저를 대신해 고통을 당하셨다고 당신은 말하지만 저는 그것을 이해할 수 없습니다. 거기에는 감각 지식과 만나는 부분이 없습니다. 그분이 죽음에서 부활하셨다고 하지만, 그것은 인간의 경험이나 감각 지식의 분야를 완전히 넘어선 말입니다. 당신은 감각 지식에 아무런 근거도 주지 못하는 것을 제게 믿으라고 요구하고 있습니다.

저는 제가 볼 수 있는 것을 믿습니다. 들을 수 있고, 느낄 수 있으며, 맛보거나 냄새 맡을 수 있는 것을 믿습니다. 저는 물질적인 것을 믿습니다. 그런 것들은 느낄 수 있고 볼 수 있기 때문입니다. 그러나 저는 하나님을 믿을 수 없습니다. 제가 그분을 볼 수 없기 때문입니다. 그분은 제게 말씀하시지 않습니다. 당신은 제게 기적을 믿으라고 요구합니다. 기적은 감각 지식의 영역 밖에 있습니다. 감각 지식은 믿음이 질병의 치유나 뼈를 맞추는 것 같은 기적을 낳을 수 없다고 말합니다. 그것은 비현실적입니다."

그렇다면 사랑은 볼 수 있는지 그 감각 지식의 친구에게 물어보았습니다.

그는 사랑을 볼 수 없다고 인정해야 했습니다.

그는 사랑의 효과를 볼 수는 있지만, 사랑은 볼 수 없습니다.

사랑은 영의 산물입니다.

사랑은 이성의 영역에 속한 것이 아닙니다.

사랑은 감각의 길을 통해 오지 않았습니다.

사랑은 느낌으로, 듣는 것으로, 보는 것으로 생겨나지 않습니다. (저는 지금 하나님의 사랑에 대해 말하고 있습니다. 우리가 종종 육체적 사랑 혹은 감각 지식의 사랑이라고 부르는 것은 창조적인 열정일 뿐 아무것도 아닙니다. 우리는 지금 영적인 것을 다루고 있습니다.)

사랑은 당신의 영으로부터 옵니다.

당신은 미움을 볼 수 없습니다.

당신은 미움을 느낄 수도, 들을 수도 없습니다.

하지만 그것은 세상에서 가장 힘 있는 세력 중 하나입니다.

당신은 생각을 볼 수도, 들을 수도, 느낄 수도 없지만 생각이라는 것이 실재한다는 것을 압니다.

당신은 상상력을 볼 수 없지만 상상력은 감각 지식으로부터 그림들을 취해서 캔버스 위에 나타내거나 가장 아름다운 조화를 이룬 모습으로 표현할 수 있습니다.

당신은 우리가 자연 현상이라 부르는 것들의 일부를 볼 수 없습니다.

당신은 바람을 볼 수 없지만 바람의 효과를 볼 수 있습니다.

당신은 중력을 볼 수 없지만 중력의 영향을 느낄 수 있습니다.

당신은 의식 곧 당신의 영으로부터의 소리를 볼 수 없지만 그 영향을 느낄 수 있습니다.

알다시피 삶에서 일어나는 많은 일들 중 감각이 기록하는 것은 매우 적습니다.

감각은 그 결과를 기록하지만, 사실 곧 그 실재를 이해할 수 없습니다.

하나님은 영이십니다. 인간은 영입니다.

그 둘은 동일한 부류에 속한 존재입니다.

인간의 영이 진정한 그 사람입니다.

그의 감각은 이 진정한 사람인 영의 종에 불과합니다.

그의 이성도 그의 영의 종입니다.

성경은 그것을 가리켜, "심령의 속사람"이라고 부릅니다.

제 육체는 물질적인 것과 접촉합니다.

제 마음mind은 생각과 접촉합니다.

제 영은 하나님과 접촉할 수 있습니다.

이성은 감각이라는 기름에 의해 발산되는 빛입니다.

의식은 영의 목소리입니다.

과학은 감각이 발견한 사실들이 배열된 것뿐입니다.

과학은 학계의 우상이 되었습니다.

오래 전에도 감각은 하나님을 갈망했기에 나무와 돌, 그리고 황금으로 우상을 만들었습니다.

인간은 여전히 하나님을 갈망하고 있으며, 이제는 나무나 돌, 금속으로 하는 대신에 감각 지식으로 우상을 세웁니다.

인간은 여전히 자신의 손으로 한 일을 경배하고 있습니다.

그는 어찌할 수 없습니다.

인간의 과학은 창조의 이유나 인간이 만들어진 이유를 설명할 수 없으며, 영뿐만 아니라 생명도 찾을 수 없습니다.

인간은 영의 결과, 생명의 결과를 볼 수 있습니다.

과학은 인간이 존재하는 이유나 그가 어디로 가고 있는 지에 대한 답을 줄 수 없습니다.

과학은 오랜 시간을 이어온 하나님을 향한 갈망이나 죽음 이후의 삶에 대한 인간의 무의식적인 믿음에 답을 줄 수 없습니다.

과학은 우리가 오늘날 아는 것처럼, 감각 지식으로부터 태어난 눈먼 자녀입니다.

5 장

감각 지식의 한계

 감각 지식의 범위는 감각이 받아들일 수 있는 것으로 한정됩니다.

 만약 시각이나 청각이 손상되거나 미각 또는 후각이 상실되었다면 그 사람은 감각 지식을 얻는데 불리한 입장에 놓여집니다.

 과학계에서 인간의 몸은 실험실이었고, 그의 두뇌는 감각에만 절대적으로 의존합니다.

 그는 이 오감을 통해 외부 세계로부터 그의 두뇌로 전달되는 것만을 알 수 있습니다.

 인간이 창조의 이유와 생명, 인간, 천체 운동 및 물질의 기원 등과 같은 문제들을 만났을 때, 그는 자신의 학문의 깊이를 벗어나게 되어 그저 추측할 수 있을 뿐입니다.

 그것이 냄새나 맛, 또는 소리와 같은 단순한 문제라면 쉽게 해결될 수 있었을 것입니다. 그러나 여기서 감각이 도달할 수 있는 범주를 넘어서게 되면 그는 추측을 해야 합니다.

감각이 설명할 수 없는 것을 알려고 하기 전에는 어느 누구도 철학자가 되지 않는다는 것은 그것이 시사하는 바입니다.

헤겔은 자신의 눈으로 하나님을 찾을 수 없고, 귀로 그분의 음성을 들을 수 없으며, 다른 감각들로도 그분과 접촉할 수 없었기 때문에 인격적인 하나님이 존재하지 않는다는 무신론을 발표했습니다.

그는 감각 지식의 한계에 내몰려서 세상을 창조주도 없고 통치자도 없는 고아로 내버려 두었습니다. 왜냐하면 그는 하나님의 존재를 부인해 왔기 때문입니다.

철학자가 감각 지식의 사실들을 떠나 추론하기 시작할 때 항상 위험합니다.

감각 지식이 하나님과 영, 그리고 만물의 기원을 논하기 시작할 때처럼 그렇게 완전히 무력해 보일 데가 없습니다.

감각 지식은 인간을 영적인 존재로 볼 수 없습니다.

감각 지식은 하나님을 영적인 존재로 이해할 수 없습니다.

하지만 감각 지식은 인간 안에 하나님을 향한 갈망이 있다는 것을 인정합니다. 그 갈망은 감각 지식이 감각을 통해 얻을 수 없는 것을 향해 늘 손을 뻗어 찾고 있습니다.

이 때문에 우리는 우상숭배에서 시작하여 철학과 형이상학으로 끝이 나는 감각 지식의 종교들을 갖고 있습니다. 그것들은 모두 헤겔과 같이 하나님의 인격성personality을 부인합니다.

그 이유는 바로 사람들의 감각이 영을 느낄 수 없기 때문입니다.

그들은 심장의 박동을 기록할 수 있고, 그 심장이 규칙적으로 뛰기 때문에 생명이 유지되고 있다는 것을 압니다.

그러나 그들은 하나님을 보고 듣고 느낄 수 없습니다.

그들은 하나님은 인격성personality을 가지고 계시지 않다고 말합니다.

그들은 하나님을 기능하는 두뇌가 없는 아주 광대한 우주적 사고Universal Mind라고 말합니다. 왜냐하면 하나님께 두뇌가 있다면 그분은 인간이 되었을 테니 말입니다.

그들은 이런 비인격적 사고를 '사랑', '선함', '온전함'이라고 부릅니다.

당신은 감각 지식 그 자체로 하나님을 찾기란 절대적으로 불가능하다는 것을 알 수 있습니다.

당신은 감각 지식이 결국에는 얼마나 황폐하게 되는지도 알 수 있습니다.

감각 지식은 놀라운 철학적, 형이상학적 개념과 가르침을 형성하고 선전 문구와 인상적인 격언과 주장을 나타내지만, 그 이면에는 실체가 없습니다. 그것들은 감각에서 나온 지식의 산물입니다.

그 철학으로 인해 사람들은 사탄과 죄, 질병과 유혹의 실체에 이의를 제기합니다.

그 문제를 해결하기 위해 그들은 인격적인 하나님이란 존재하지 않으며 죄와 심판도 없다고 담대히 선포합니다.

그러면서 그들은 자신들의 죄의식과 열등감을 제거하기를 바랍니다.

이런 철학은 그리스도 안에서 우리에게 주어진 모든 것들에 대한 계시의 기초에 타격을 줍니다.

오직 그리스도만이 줄 수 있는 평안과 기쁨과 영의 안식을 그런 철학이 대신 주려고 합니다.

그들이 이렇게 하는 이유는 교회가 예수님이 완성하신 사역에 대한 바울의 계시를 가르치는 데 실패했기 때문입니다.

바울의 서신들에서 드러난 그리스도가 완성하신 사역에 대해 교회가 분명하게 설명해 주었다면 이런 새로운 감각 지식의 종교가 오늘날처럼 교회를 지배하지 못했을 것입니다.

죄를 부정함으로써 그들은 예수 그리스도의 대속적 희생의 필요를 제거하려고 합니다.

이렇게 함으로써 그들은 그분의 피와, 죄인 대신 당하신 그분의 고통의 능력을 부인합니다.

잠시 하나님께서 바울의 서신서를 통해 우리에게 전해 주신 내용을 주목해 봅시다.

첫째, 그분은 우리에게 완전한 속량을 주셨습니다. 사탄은 정복되었고 무가치한 존재가 되었습니다. 그의 권세와 지배는 제거되었습니다.

둘째, 인간은 사탄의 지배로부터 속량되고, 새로운 탄생으로 인해 사탄의 왕국에서 하나님의 가족으로 옮겨졌습니다.

셋째, 인간은 의롭다고 선포되었을 뿐 아니라 실제로 '그리스도 안에서 하나님의 의'가 되었습니다.

그는 하나님의 가족 안에서 아들의 자리에 있습니다. 그는 예수 이름을 합법적으로 사용함으로써 아픔과 질병 및 원수의 일들을 다스리는 권세를 가지고 있습니다.

그의 몸 안에 실제로 내주하시는 성령의 임재로 인해 그는 이제 "내 안에 계신 분이 세상에 있는 자보다 더 크시다"라고 고백할 수 있습니다.

끝으로, 이 땅에서의 일을 다 마쳤을 때, 그는 하나님 아버지와 함께 하늘의 집에 거합니다.

하나님이 우리에게 실재를 주신 반면, 감각 지식의 종교는 이론만을 준다는 사실을 알 수 있습니다.

그런 종교는 하나님이 존재하지 않으시며, 심판도 없고, 사탄도 없으며, 죄와 질병도 없다는 이론을 갖고 있습니다.

이런 감각 지식의 천국에서, 그런 종교들은 바울의 계시 가운데 우리에게 드러난 실체로부터 그들 자신의 존재를 숨깁니다.

6 장

일곱 가지 중요한 추측들

감각 지식의 한계는 매우 분명합니다.

넘을 수 없는 장벽들이 있습니다.

감각 지식으로는 찾아낼 수 없는 영역들이 있습니다.

그러나 이상한 일은, 이런 한계에 봉착했을 때 감각 지식은 철학이나 형이상학, 또는 추론적인 것 중 하나가 되어 버린다는 것입니다.

감각 지식의 일곱 가지 중요한 추측 또는 추론들에 대해 생각해 보기 바랍니다.

첫째, 감각 지식은 창조나 물질의 기원에 대해 알지 못합니다.

이런 지식의 빈곤함으로 인해 감각 지식은 유감을 품고 굴욕감을 느끼며 그로 인해 대담하게 추론을 하게 됩니다.

우주 및 물질의 창조와 관련된 추측들이 두꺼운 책들을 가득 채웠습니다.

그런 추측들은 물질이 어떻게, 언제, 왜 존재하게 됐는지 알지 못합니다.

감각 지식은 인격적인 하나님을 항상 부인합니다. 그러므로 거기에는 하나님이 없기 때문에 창조주도 없으며, 따라서 물질은 스스로 존재해야 합니다.

둘째, 감각 지식은 생명의 기원에 대해 알지 못합니다.

이것은 그동안 추론하는 과학자들에게 고통스러운 주제였습니다.

생명의 기원에 대한 이론들이 많은 책과 교과서를 가득 채웠지만, 감각 지식만을 가진 사람은 어느 누구도 생명이 어디에서 시작되었는지를 알지 못합니다.

지금까지 모든 추측들은 또 다른 추측이 나오면 폐기되어 왔습니다. 그래서 오늘날의 가설들은 다윈이 "종의 기원"을 썼을 당시 그랬던 것만큼의 절대적인 지식과는 거리가 멉니다.

셋째, 감각 지식은 천체 운동의 기원이나 천체가 언제 처음 공전을 시작했는지를 알지 못합니다.

만약 사람들이 생명의 기원을 발견할 수 있다면 그들은 천체 운동의 기원도 발견할 수 있을 것입니다.

넷째, 감각 지식은 우주 통치의 기원을 결코 발견하지 못했습니다.

여기, 별자리와 태양으로 이루어진 광대한 우주가 있습니다. 각각의 별들은 자체 궤도를 돌고, 그 전체는 큰 중심 주위를 돕니다. 그러나 어느 누구도 이런 천체들의 창조주와 지배자를 발견할 수 없었습니다.

다섯째, 감각 지식은 인간의 기원을 발견할 수 없었습니다.

감각 지식의 추측과 이론들은 수백만 명의 믿음을 파괴시켰으며 부모와 자녀 세대 간의 윤리를 엉망으로 만들어 왔습니다.

그런 추측과 이론들 가운데 어느 하나도 감각 지식이 인간의 기원을 발견할 수 없다는 것을 인정할 만큼 용기가 있지 않습니다.

그런 것들은 인간이 존재하는 이유뿐만 아니라 인간의 운명도 알지 못합니다.

인간은 지금 이 순간 존재합니다.

감각 지식은 그저 그것이 보고 듣고 느끼는 것만을 인식할 수 있습니다.

여섯째, 감각 지식은 죄의 기원을 알지 못합니다.

어떤 사람들은 심지어 죄의 존재를 부인하는 데까지 이르렀습니다. 그러나 죄의 영속성, 즉 유기적인 죄의 증거로 인해 생각하는 존재인 인간은 동요됩니다.

부인한다고 해서 사실이 없어지는 것은 아닙니다.

하지만 감각 지식은 죄가 어디에서 왔는지, 죄의 치명적인 결과로부터의 회복이나 속량이 어디에 있는지를 알려줄 수 없습니다.

일곱째, 감각 지식은 죽음의 기원과 이유 또는 죽음이 무엇인지에 대한 개념을 갖고 있지 않습니다.

태어나면서부터 나이 들 때까지 우리를 쫓아다니는 죽음이라는 미지의 원수 앞에서 감각 지식은 시인 혹은 형이상학파 시인이 되어 버립니다.

감각 지식은 죽음이라는 존재 앞에서 감상적이 되어 버릴 수 있지만 그 해답은 갖고 있지 않습니다.

우리는 감각 지식의 한계를 봤습니다.

이런 한계들은 때로 인간의 행복에 치명적입니다.

계시 지식은 감각 지식이 설명하지 못하는 틈을 채우는데 필요합니다.

7 장

하나님은 영이시다

예수님이 사마리아 여인에게 말씀하셨습니다. "하나님은 영이시니 예배하는 자가 영과 진리로 예배할지니라."

인간이 영적인 존재가 아니었다면 그는 영으로 하나님께 예배드릴 수 없었습니다. 우리가 영을 의식하게 되기란, 즉 영적인 것들이 물질적인 것만큼 실제적이라는 사실을 인식하기란 어렵습니다.

우리는 하나님이 영이시라는 것을 사실로 받아들이지만 그 사실 안에 엮여 있는 함축된 것들을 결코 깨닫지 못합니다.

영은 인격을 갖고 있지만, 육체가 필요하지는 않습니다. 천사도 영이고 귀신도 영입니다.

우리는 영적인 존재들을 눈으로 볼 수 없습니다.

마음을 볼 수 없는 것처럼 영도 볼 수 없습니다.

우리는 파도를 밀어 올리는 힘을 볼 수 없습니다.

단지 파도를 밀어 올린 그 힘의 결과를 볼 수 있을 뿐입니다.

하나님은 영이시며, 영이신 그분이 물질적 실체를 창조하셨습니다.

우리는 그분이 영이실 뿐만 아니라 사랑의 영이시라는 것을 압니다.

우리는 그분이 믿음의 영이시라는 것을 압니다.

우리는 그분이 말씀으로 세상을 만드셨다는 것과 "그분의 능력의 말씀"으로 그것을 다스리고 계신다는 것을 압니다.

우리는 인간이 영이며, 하나님과 같은 부류에 속해 있고, 영원한 존재이며, 몸 안에 살 수 있다는 사실을 압니다. 그는 하나님의 본성에 동참할 수 있으며, 하나님과의 교제 안에서 최고의 발전을 이룬다는 것을 압니다.

우리는 인간이 하나님의 심령의 한 부분을 채워야 했다는 것을 압니다.

하나님은 인간을 원하셨고, 사랑하셨으며, 그분의 본성을 전이해주기 원하셨습니다.

우리는 영적인 것이 물질적인 것만큼 실제적이라는 것을 압니다. 우리는 인간이 영이기 때문에 그 안에 있는 가장 위대한 힘도 영적이라는 것을 압니다.

사랑과 미움, 소망과 믿음은 영적인 힘입니다.

이런 것들이 세상을 다스리는 세력입니다.

인간이 에덴동산에서 타락했을 때 그는 하나님의 임재를 잃어버렸고 영적인 것들로부터 물질적인 것들로 타락했습니다.

하나님의 임재를 떠나게 되자, 그는 생존 유지와 방어를 위해 자신의 오감을 전적으로 의지했습니다.

그의 몸은 즉시 그가 얻는 모든 지식의 근원이 되었습니다.

이 지식은 물질적인 것들, 또는 그가 맛본 음식, 냄새 맡은 꽃향기 그리고 그가 듣는 소리와 같이 감각에 영향을 주는 것들과의 접촉에 의해 얻어집니다.

그는 이런 감각의 도움으로 자신을 보호하고 먹이고 입혔습니다.

인간이 오늘날 가진 지식은 물질적인 것들과의 접촉 통로인 이 오감을 통해 그에게 전달된 것입니다.

우리는 또 하나의 사실을 압니다. 그것은 하나님은 감각에 의해 발견될 수도, 알려질 수도 없다는 것입니다.

영이신 하나님은 오직 영에만 그분 자신을 나타내실 수 있습니다.

그분은 말씀을 통해 우리의 영에 그분 자신을 나타내실 수 있습니다.

예를 들어, 우리는 누군가가 읽는 하나님의 말씀을 듣습니다. 읽혀진 그 말씀은 우리의 지성에 의해 측량되고 측정됩니다. 그러나 이성에 설명할 수 없는 어떤 방법으로 그 말씀은 우리 영에 영향을 줍니다. 그 말씀은 필요에 응답합니다.

말씀을 들음으로써 우리 영은 변화됩니다. 이런 변화를 새로운 탄생이라 부릅니다.

거듭나기 전, 우리의 마음은 거듭나지 않은 우리의 영과 조화를 이뤘습니다.

이제는 우리 영이 재창조되었기 때문에 우리 마음은 말씀에 의해 새롭게 됩니다. 그러고 나면 우리의 영과 마음은 조화를 이루게 됩니다.

우리는 감각을 통해 물질적인 것을 알게 되는 것처럼 우리의 영 안에서 실제적으로 아버지를 알게 됩니다.

아버지와 영적인 것들을 믿는 것이 자연적인 것들을 믿는 것처럼 확고하고 명확해집니다.

우리는 하나님 아버지께 다가가면 그분을 만날 수 있다는 것을 압니다. 그리고 태양이 빛날 거라는 것을 아는 것처럼 진짜로 아버지께서 우리의 기도를 들으실 것을 압니다.

우리는 그분의 말씀이 우리 삶 속에서 절대적 진리가 될 것이라는 것을 압니다.

영적인 것은 물질적인 것만큼 실제적입니다.

영적 갈망과 영적 목마름은 철학이나 형이상학으로 만족될 수 없습니다.

철학이나 형이상학이 지성에는 매력적일 수 있지만, 영의 갈급함을 느낄 때가 올 것입니다.

우리가 환자들을 위해 기도하면서 배운 것들 중 하나는 사람들의 몸이 아픈 것처럼 그들의 영도 아프다는 것입니다. 우리가 아픈 영을 온전하게 치유할 때 육체의 질병은 떠나갈 것입니다.

우리는 두려움과 의심이 영적인 질병이라는 것과, 그것들이 영에 끼치는 영향은 암이나 결핵 및 인체에 치명적인 다른 질병들이 몸에 나타내는 것과 비슷하다는 사실을 발견했습니다.

우리는 그런 질병들이 그리스도께 놓여졌다는 온전한 확신을 줄 수 있고, 그 마음이 영에 일치하게 되는 순간 반드시 치유된다는 것을 발견했습니다.

인간의 영에 대한 몇 가지 사실들

감각의 영역에 과학자들이 있는 것처럼 영적인 영역에도 과학자들이 있습니다.

감각 지식의 사람들이 영적인 것들을 받아들이기란 항상 쉽지 않았습니다.

그들은 기적을 믿을 수 없으며 그것은 비과학적인 것이라고 말합니다. 이는 그들이 육체의 영역에 살기 때문입니다.

감각 지식은 하나님을 발견할 수 없고, 만약 발견하더라도 그분을 알 수 없습니다.

감각 지식은 피조물이 어떻게 존재하게 되었는지와 그 존재 이유를 알지 못합니다.

감각 지식은 생명과 빛, 천체의 운동이나 중력의 기원을 알지 못합니다.

영적인 과학자는 이론을 다루지 않습니다.

그는 사실을 다룹니다.

감각 지식의 과학자가 이룬 업적의 대부분은 추론의 영역에 있습니다.

때로 그는 자신의 이론들이 실재가 되게 할 수 있습니다.

영적인 과학자는 하나님이 계시다는 것을 입증해 왔습니다.

그는 그것을 압니다.

그는 그 하나님을 발견했고 그분을 압니다.

그는 확인된 사실들만을 다룹니다.

그는 창조의 이유를 발견했습니다.

그는 피조물이 존재하게 된 이유를 압니다.

그는 감각 지식이 풀지 못한 어려운 문제를 해결했습니다.

그는 생명의 근원을 발견했습니다.

그는 인간이 하나님과 같은 부류인 영적인 존재이며, 영원하고, 원래 영원한 몸을 가졌었다는 것을 발견했습니다.

인간은 영원히 하나님과 함께 살기 위해 만들어졌습니다.

영적인 과학자는 인간이 하나님과 같은 영적인 존재여서 하나님의 본성을 그의 영 안에 받을 수 있도록 창조되었다는 것을 발견했습니다.

그동안 인간의 영에 대해 거의 관심을 갖지 않았다는 것은 불행한 사실입니다.

우리는 인간의 몸을 훈련하기 위해 수천억 원을 씁니다.

우리는 인간의 혼을 교육하는 데 셀 수 없이 많은 돈을 씁니다. 그러나 어떤 기관의 지도자도 인간의 영을 수양하고 계발하기 위해 힘을 쏟은 적은 없습니다.

여기, 인간의 영에 관한 몇 가지 사실들이 있습니다.

영은 사랑의 근원입니다. 사랑은 이성이나 감각 지식으로부터 나온 것이 아닙니다. 사랑은 인간의 영에서 탄생합니다.

사랑에 대해 종종 오해되는 점은 사랑이 단지 성적 매력에 불과하다는 것입니다. 그런 것은 오감과 관련이 있는 육체적 매력입니다.

그러나 사랑은 인간의 영의 산물입니다.

영은 생명의 근원입니다. 인간이 하나님께로부터 영생을 받는 곳도 영입니다.

영생은 인간의 몸에서 발견될 수 없지만, 영에 존재합니다.

원래 영은 육체인 몸을 다스렸고, 혼은 지식을 얻는 통로인 감각들을 다스렸습니다.

태초에 인간의 영은 이성을 지배했습니다.

지혜는 인간의 영으로부터 옵니다.

영은 지혜의 근원입니다.

이성에는 지식 외에 아무것도 없습니다.

주변의 물질세계와 그 안에 있는 세력들로부터 감각이 수집한 것이 지식입니다.

지식을 현명하게 사용하는 능력은 영적인 것입니다.

그것은 인간의 영으로부터 나오는 지혜입니다.

믿음은 인간의 영으로부터 탄생합니다.

불신은 대부분 감각의 산물입니다.

그것은 시사하는 바가 큽니다.

얼마나 많은 노력을 하든지 상관없이 이성을 통해서는 믿음을 발전시킬 수 없습니다.

믿음은 인간의 영에서 태어납니다.

두려움과 용기도 모두 영적인 세력입니다.

그것들은 동일한 근원에서 나옵니다.

기쁨과 평안은 정신적 특성이 아닙니다.

그것들은 영적입니다.

인간의 영은 문명 안에서 가장 위대한 영향력을 낳습니다.

"오직 성령의 열매는 사랑과 희락과 화평과…" 갈 5:22

성령은 직접 열매를 맺지 않습니다. 그렇기 때문에 위의 구절에서 언급된 성령의 열매란 재창조된 영의 열매를 뜻합니다. 성령은 오직 그리스도의 지체인 포도나무의 가지를 통해서만 열매를 맺습니다.

8 장

영의 갈망에 대한 하나님의 응답

　인간의 영은 고아와 같은 상태를 느낍니다.

　예수님은 그런 영의 울부짖음에 응답하시고자 오셨습니다. 그것은 아버지를 향한 울부짖음이자, 인간의 영을 둘러싸고 속박하는 세력으로부터의 속량을 향한 울부짖음이었습니다.

　사복음서는 감각 지식의 영역에서 기록되었습니다.

　그것 중 어느 것에서도 하나님이 바울에게 주신 계시의 흔적을 찾아 볼 수 없습니다.

　그들은 기적을 보았습니다. 그들은 예수라는 사람이 체포되는 것을 보았습니다. 그들은 그분이 법정에서 재판 받는 것을 보았습니다.

　그들은 예수님께 내려진 판결을 들었습니다.

　그들은 그분이 십자가를 지신 채 병사들에게 이끌려 죽음의 언덕인 골고다로 가시는 것을 보았습니다.

그들은 그분이 십자가에 못 박히는 것을 보았습니다.

그들은 십자가가 들려져 바닥에 파 놓은 구멍에 꽂히는 것을 보았습니다.

그들은 그분의 손과 발에 난 상처에서 피가 흐르는 것을 보았습니다.

그들은 "나의 하나님, 나의 하나님, 어찌하여 나를 버리시나이까?"라고 울부짖는 예수님의 목소리를 들었습니다.

그들은 십자가 위에서 그분의 떨리는 몸을 지탱하고 있는 못들을 볼 수 있었습니다.

그들은 그분이 죽는 것을 보았습니다.

그러나 그들은 그분의 혼에서 일어난 비극을 볼 수 없었습니다.

그들은 그분의 영이 죄가 된 것을 볼 수 없었습니다.

그들은 그 영이 몸을 떠나 흑암의 권세의 지배 아래 고통 받는 곳으로 간 것을 알 수 없었습니다.

공의의 요구가 충족될 때까지 그분이 고통 받으시는 것을 그들은 볼 수 없었습니다.

그분이 인간의 범죄에 대한 죗값을 지불하시며 의롭게 되셨을 때도 그들은 그분을 볼 수 없었습니다.

그분이 죽은 자들 가운데서 가장 먼저 나셨을 때에도 그들은 그분을 볼 수 없었습니다. 이것은 영적 죽음으로부터 그분의 영이 태어난 것이었습니다.

그분이 원수를 만나 그를 정복하고 그의 권세를 빼앗으셨을 때, 그들은 그분을 볼 수 없었습니다.

그분이 자신의 육체로 돌아오셔서 그 몸에 불멸의 생명을 전이하시며 죽음을 물리치시고 그들 앞에 사탄과 사망과 죽음을 다스린 절대적인 주인으로 서실 때까지 그들은 그분을 볼 수 없었습니다.

그분이 부활하셨다는 사실을 그들의 감각이 깨달을 수 있기 전에, 그분은 "와서 나를 만져보라. 영은 살과 뼈가 없다."고 먼저 말씀하셔야 했습니다.

그분은 죽은 자들로부터 살아나신 것을 보여주시기 위해 그들 앞에서 생선과 빵을 드셨습니다.

그분은 그들 가운데서 40일을 더 계신 후 감람산에서 승천하셨고, 한 무리의 천사가 하나님의 보좌로 그분을 데려갔습니다. 그곳에서 예수님은 우리의 중재자, 중보자, 변호자이자 주님으로서 아버지 우편에 앉으셨습니다.

인간의 눈에 보이지 않고, 감각으로 느껴지지 않지만 사도 바울에게 알려진 계시 속에서 우리에게 전해진 예수님의 이 사역으로 말미암아, 인간의 영은 재창조될 수 있고, 오랫동안 얽매여 온 종의 신분으로부터 해방될 수 있습니다.

이 놀라운 일을 새로운 탄생이라 부릅니다.

제가 아는 한 이보다 더 잘 표현한 타이틀은 없습니다.

당신은 예수 그리스도를 당신의 구원자로 받아들이고 그분을 당신의 주님으로 고백합니다. 그러면 하나님께서 당신을 재창조하시고 당신의 영에 그분의 본성을 전이하십니다.

당신의 영은 이제 그리스도 안에서 살아있게 됩니다.

당신은 그리스도 예수 안에서 창조된 새로운 피조물이 됩니다.

이제 그 유익들이 당신에게 전이됩니다.

이제 당신의 영은 하나님과 교제할 수 있습니다.

감각의 산물인 당신의 마음이 이해할 수 없는 것을 당신의 영은 이제 누릴 수 있습니다.

그리고 우리는 이 기적의 일들의 다음 단계에 다다릅니다.

감각에 지배되어 신경 중추를 통해 모든 지식을 받아들였던 당신의 혼은 말씀을 통해 새롭게 되어 재창조된 영과의 교제 속으로 들어가고 있는 것입니다.

당신의 영이 사고 능력을 지배하고 있습니다.

당신의 감각들은 제자리를 찾고 있습니다.

당신은 영에게 왕관을 씌워줍니다.

당신의 영은 당신이라는 존재를 지배하는 자가 됩니다.

이전에는 당신의 육체가 주인이었습니다.

새로운 탄생으로 인해 당신의 영이 몸의 주인이 됩니다.

당신은 감각 지식이 아닌 하나님의 말씀으로 삽니다.

"사람이 떡으로만 살 것이 아니요 하나님의 입으로 나오는 모든 말씀으로 살 것이니라"고 하신 예수님의 말씀이 실재가 되고 있습니다.

당신은 "말씀이 내 일용할 양식보다 더 귀합니다"라고 고백합니다.

당신은 말씀을 읽고 즐거워하며 그 말씀이 당신 존재의 일부가 될 때까지 그것을 묵상합니다.

말씀을 묵상하는 것에 대한 가장 기적 같은 일은, 말씀을 읽을 때 당신의 지성은 열매를 맺지 못할 수 있지만 당신의 영은 그 말씀을 먹고 그 결과 영적인 삶은 강하고 활기차게 된다는 것입니다.

9 장

세 가지 증언

저를 오랫동안 괴롭혀온 이해할 수 없는 의문이 있었습니다. 그것은 왜 치유를 받고 완전한 구원의 모든 증거를 가졌던 사람들이 다시 병에 걸리게 되고, 그러고 나서는 구원받는 것이 거의 불가능하다고 여기는가 하는 문제였습니다.

이제 그 이유를 알게 되었습니다. 그들의 믿음은 하나님 말씀 안에 있는 것이 아니라 감각의 증거 안에 있었습니다.

감각의 증거라는 것이 무슨 말일까요? 그것은 그들이 보고, 듣고, 느낀 것을 통해 증거를 가졌다는 뜻입니다.

그들은 마치 주님께로 온 병자들 같았습니다. 그들은 주님이 자신들의 친구 중 몇몇을 고치셨다는 소리를 들었습니다.

그들은 "내가 그분께 갈 수 있다면 나도 치유받을 거야."라고 말했습니다.

현장에 가까이 가자 사람들이 치유된 것을 보았습니다. 눈 먼

사람이 보게 되었습니다. 들리지 않던 사람이 듣게 되었습니다.

그들은 그 축복을 나눠달라고 울부짖었고 치유되었습니다.

오늘날 많은 사람이 치유받고자 우리에게 옵니다. 하나님 아버지께서 우리 사역 가운데 치유의 은혜를 많이 주셨기 때문입니다.

많은 사람들이 말씀을 배울 시간이 없습니다. 그들은 말씀에 관심도 없습니다. 그들의 관심은 오로지 구원받는 것뿐입니다.

우리가 그들을 위해 기도하면 그들은 즉시 치유됩니다.

하지만 얼마 후 그들은 다시 돌아와 말합니다. "저는 이해할 수 없습니다. 치유가 지속되지 않았습니다. 모든 증상들이 다시 돌아왔습니다."

문제는 어디에 있었습니까?

그것은 그들이 하나님의 말씀을 믿지 않았다는 것과 치유에 관한 말씀에 대해 아는 것이 없었다는 데 있었습니다.

그들은 저나 다른 사람들을 믿었지, 말씀을 믿은 것이 아니었습니다. 말씀은 "그가 채찍에 맞음으로 너희는 나음을 얻었다"고 선포합니다.

예를 들어보겠습니다. 무릎이 매우 불편한 어떤 한 신사가 제게 다가왔습니다. 의사는 그에게 무릎을 절단할 수도 있다고 말했었습니다.

제가 그분을 위해 기도해주자 그분은 즉시 치유되었습니다.

5, 6일 후 그분이 거리를 걷고 있는데 다시 이전의 통증이 무릎에 느껴졌습니다.

그분은 "그럴 수는 없어. 나는 예수님이 채찍에 맞음으로 나았다고. 예수의 이름으로 통증은 내 무릎에서 떠나가라."고 선포했습니다. 그분은 말씀 위에 서 있었고, 고통은 떠나가서 다시는 나타나지 않았습니다.

어떤 사람들은 자신들이 볼 수 있고, 느끼거나 들을 수 있는 것을 받아들이는 감각의 증거 위에 서 있었습니다. 그들은 예수님께서 씨 뿌리는 자의 비유에서 말씀하셨던 것처럼 "씨앗이 흙에 깊이 심겨"지지 않았기 때문에 받은 치유를 잃어버렸습니다.

모든 치유의 사례에는 세 가지 증거가 있습니다.

말씀

하나님의 말씀은 "그가 채찍에 맞음으로 너희는 나음을 얻었나니"라고 선포합니다.

통증

몸에 통증이 주는 증거가 있습니다. 그리고 그 통증은 몸이 치유되지 않았다고 선언합니다. 환자는 통증이 너무 심해서 그 외에는 어떤 소리도 들을 수 없습니다.

환자

환자는 하나님의 말씀을 따라 증언이나 간증을 하며 "그가 채찍에 맞음으로 내가 나았다"고 선포합니다. 그는 자신의 증언을 철회하지 않습니다.

그는 고통 앞에서, 다시 말해 감각이 주는 증거 앞에서도 자신이 치유되었다는 고백을 굳게 붙잡고, 하나님께서 온전하게 치유하셨음을 선포합니다. 그는 치유되었습니다.

그러나 종종, 우리가 사람들 앞에서 말씀을 펼쳐서 "그가 채찍에 맞음으로 우리가 나음을 받았다"는 것을 입증해 보일 때, 그들은 "네, 그 말씀은 보이지만 통증은 아직 여기 남아 있네요. 통증이 제 손발에서 떠나지 않았습니다."라고 말합니다.

그들은 하나님의 말씀을 부인했습니다. 말씀을 받아들이기보다는 그들의 감각의 증언을 받아들였습니다.

제가 그들을 위해 재차 기도할 수 있지만 그들이 하나님 말씀에 반대하여 말하기 때문에 어떤 결과도 일어나지 않습니다.

또 다른 경우도 있습니다. 여기 연약한 한 여성이 있습니다. 그녀는 걸을 수 없습니다.

저는 그녀에게 "주는 내 생명의 능력이시니 내가 누구를 두려워하리요"라는 말씀을 알려줍니다.

그녀는 "네, 그 구절이 보이네요. 하지만 저는 걸을 수 없어요."라고 말합니다.

그녀는 하나님의 말씀을 받아들이지 않습니다. 감각의 증거와 연합한 그 입술의 증거가 하나님의 말씀을 거부하였고 그녀는 여전히 아픈 상태입니다.

반면 그녀가 감각의 증거와는 반대로 말씀이 진리라는 자신의 증언을 굳게 유지했었더라면 치유는 그녀의 것이 되었을 것입니다. 그러나 그녀는 자신의 통증을 말함으로써 말씀을 거절했습니다.

저는 또 하나의 사실을 발견했습니다.

성경은 "네가 만일 네 입으로 예수를 주로 시인하고 또 하나님께서 그를 죽은 자 가운데서 살리신 것을 네 마음에 믿으면 구원을 받으리라" 또는 "치유를 받으리라"고 말씀합니다.

많은 사람들이 이 말씀을 입으로 고백하지만 심령으로는 그것을 부인합니다.

그들은 "네, 하나님의 말씀은 진리입니다."라고 말합니다. 그러나 심령으로는 "내 경우에 있어서는 진리가 아니지. 그분은 나를 치유하지 않으셨어. 그분은 다른 사람들은 치유하셨지만 나는 나아지지 않았어."라고 말합니다.

당신의 입술의 고백은 심령이 그것을 거부하는 한 가치가 없습니다.

당신의 입술의 증언은 반드시 심령에 있는 말씀의 확증이 되어야 합니다.

치유를 기도해 왔지만 치유되지 못한 다수의 사람들은 그 심령에 어떤 확신도 갖고 있지 않다고 저는 믿습니다. 그들은 가망이 없습니다. 감각 지식은 실패했습니다. 그들은 하나님께 의지하지만 진정한 믿음을 갖고 있지는 않습니다.

치유는 항상 믿음의 증언에 반응합니다.

고통이 클지라도 당신은 "그가 채찍에 맞음으로 너희가 나음을 입었다"는 말씀을 알고 있습니다.

당신은 '2+2=4'라는 사실을 아는 만큼 그 말씀을 잘 알고 있습니다.

당신은 하나님께서 당신을 치유하셨다는 사실을 당신의 가장 깊숙한 존재 안에서 확신합니다. 당신은 하늘을 보며 말합니다. "아버지, 감사합니다."

당신은 통증을 신경 쓰지 않습니다. 당신은 하나님의 마음 안에서 자신이 치유되었다는 것을 알기 때문에 증상을 무시합니다.

말씀은 당신이 치유되었다고 선포합니다.

말씀이 말하는 것이 진리입니다.

당신이 말씀과 반대되는 증거 앞에서 당신의 증언을 유지하자 하나님께서는 당신의 삶에서 치유가 실재가 되게 하십니다.

10 장

말씀이 감각 지식에 대해 말하는 것

"형제들아 내가 너희에게 알게 하노니 내가 전한 복음은 사람의 뜻을 따라 된 것이 아니니라 이는 내가 사람에게서 받은 것도 아니요 배운 것도 아니요 오직 예수 그리스도의 계시로 말미암은 것이라" 갈 1:11-12

저는 바울의 서신서에서 처음으로 발견한 내용을 통해 이 주제에 대해 깨닫게 되었습니다.

사도 바울이 로마서 8:1-12에서 언급한 "육신"이라는 단어가 "감각"을 의미한다는 것을 알기 전까지는 한 번도 그 말을 이해하지 못했습니다.

이 말씀을 예로 들어보겠습니다. "육신을 따르는 자는 육신의 일을, 영을 따르는 자는 영의 일을 생각하나니" 롬 8:5

이제 이 구절을 이런 방식으로 읽어보십시오. "감각을 따르는 자는 감각의 일을, 영을 따르는 자는 영의 일을 생각하나니"

그것은 성령에 대해 말하고 있는 것이 아닙니다. 우리의 영에 대해 말하고 있습니다.

"육신의 생각은(이것은 감각으로부터 증거를 도출한 생각입니다) 하나님과 원수가 되게 하나니" 롬 8:7

바울은 육체로서의 육신을 의미한 것이 아니라 지식이 우리의 지성으로 들어오는 통로인 오감을 포함하고 있는 육신을 의미한 것입니다.

이 육신은 물질적인 것들에 대한 모든 지식이 우리의 두뇌로 들어오는 통로인 오감이 모여 있는 곳입니다.

"하나님의 지혜에 있어서는 이 세상이 자기 지혜로 하나님을 알지 못하므로…유대인은 표적을 구하고 헬라인은 지혜(감각 지식)를 찾으나" 고전 1:21-22

이 말씀을 설명하자면 이렇습니다. 여기 세상의 감각 지식에 대응하는 하나님의 지식, 혹은 계시 지식이 있습니다.

감각 지식은 하나님을 알지 못하며 알 수도 없다고 말씀은 선포합니다. 이것은 고전 2:14의 말씀과 완벽하게 일치합니다. "육에 속한 사람은 하나님의 성령의 일들을 받지 아니하나니 이는 그것들이 어리석게 보임이요, 또 그는 그것들을 알 수도 없나니 그러한 일은 영적으로 분별되기 때문이라"

이것은 사실에 대한 하나님의 진술입니다.

인간은 모든 자연적 영역들을 통해 헌신적으로 찾고 연구했음에도 하나님의 지식을 갖지 못했습니다.

철학자는 모든 시대마다 항상 존경을 받아 왔습니다.

진실한 철학자가 존재한다는 점에 작은 경의를 표합니다. 그는 진정 하나님을 추구한 사람입니다. 왜냐하면 그 밖의 다른 어떤 것에서도 그는 만족을 찾지 못했기 때문입니다. 그는 모든 철학자들이 찾고자 하는 실재에 결코 도달하지 못했습니다.

당신은 예수 그리스도를 벗어난 그 어디에서도 실재를 찾을 수 없습니다.

옛 과학자들도 모두 하나님을 찾았지만, 욥은 그들이 찾는다 해도 하나님을 찾을 수 없다고 우리에게 말해줍니다.

제가 위에서 인용한 구절은 감각 지식이 하나님의 일들을 알 수 없다고 우리에게 알려줍니다.

감각은 하나님의 일들을 만나게 되면 그것을 전혀 인지하지 못합니다.

거듭나지 않은 사람은 주일학교 교사나 신학을 가르치는 기관에서 교사로서의 지위를 갖지 못합니다. 감각 지식 외에는 그들 안에 아무것도 없기 때문입니다.

"이는 그들로 마음에 위안을 받고 사랑 안에서 연합하여 확실한 이해의 모든 풍성함과 하나님의 비밀인 그리스도를 깨닫게 하려 함이니 그 안에는 지혜와 지식의 모든 보화가 감추어져 있느니라" 골 2:2-3

이 말씀은 진정한 지식, 진정한 지혜가 어디서 기인하는지를 보여줍니다.

"형제들아 너희를 부르심을 보라 육체를 따라 지혜로운 자가 많지 아니하며 능한 자가 많지 아니하며 문벌 좋은 자가 많지 아니하도다"고전 1:26

고린도전서 2:2은 사역에 대한 바울의 생각을 잘 보여줍니다. "내가 너희 중에서 예수 그리스도와 그가 십자가에 못 박히신 것 외에는 아무 것도 알지 아니하기로 작정하였음이라"

바울에게는 그가 살던 시대의 모든 학문을 배웠다는 강점이 있었습니다. 그리고 그는 이런 특별한 지성을 가지고 많은 지식을 수집했었습니다. 그러나 바울은 "너희에게 왔을 때, 나는 내 모든 지식을 내려놓고, 그리스도 안에서 내가 가진 것을 너희에게 주었다. 그리고 나의 말과 전도함은 설득력 있는 감각 지식의 말로 하는 것이 아니라 성령의 나타나심과 능력으로 하여 너희 믿음이 사람의 감각 지식에 있는 것이 아니라 하나님의 능력에 있게 하려 했다"고 고백했습니다.

그 다음의 몇 구절들을 자세히 읽어보면 두 가지 지식의 차이를 알게 됩니다.

당신은 바울이 계시 지식을 위해 어떻게 감각 지식을 포기했는지를 이해하게 됩니다.

그는 고린도전서 2:9에서 우리에게 알려줍니다. "기록된바 하나님이 자기를 사랑하는 자들을 위하여 예비하신 모든 것은 눈으로 보지 못하고 귀로 듣지 못하고 사람의 마음으로 생각하지도 못하였다 함과 같으니라"

그것은 눈이나 귀를 통해 얻은 것이 아니라 계시를 통해 온 지혜와 지식입니다.

10절은 말씀합니다. "오직 우리 하나님이 성령으로 이것을 우리에게 보이셨으니 성령은 모든 것 곧 하나님의 깊은 것까지도 통달하시느니라"

감각 지식은 여기를 관통할 수 없습니다.

계시를 통해 온 탁월한 지식이 그 자리를 차지합니다.

"우리가 세상의 영(혹은 이 시대의 영)을 받지 아니하고 오직 하나님으로부터 온 영을 받았으니 이는 우리로 하여금 하나님께서 우리에게 은혜로 주신 것들을 알게 하려 하심이라 우리가 이것을 말하거니와 사람의 지혜(혹은 감각 지식)가 가르친 말로 아니하고 오직 성령께서 가르치신 것으로 하니 영적인 일은 영적인 것으로 분별하느니라"

이것은 시사하는 바가 매우 큽니다.

우리에게 큰 도전을 줍니다.

이제 우리는 감각 지식에 지배된 사역이 회중의 심령에 믿음을 세울 수 없는 이유를 이해할 수 있습니다.

우리는 감각 지식이 계시를 믿지 않고, 기적을 믿지 않으며, 초자연적인 것을 믿지 않는 이유를 알 수 있습니다.

인간은 하나님의 자녀가 될 수 있지만 그의 마음은 결코 새롭게 되지 못합니다. 그는 여전히 감각이 인식하는 영역에서 삽니다. 그는 하나님의 일들을 알 수 없습니다.

감각 지식은 성령과 계시의 가르침을 거부하며 문을 닫아 버렸습니다.

이런 문제에 대한 유일한 해결책은 예수 그리스도의 주되심을 인정하는 것입니다. 그것은 진정으로 말씀의 주되심을 의미합니다.

이 계시는 우리에게 주어진 것이자, 우리의 진짜 아버지 하나님을 알 수 있게 하는 그리스도의 마음입니다.

오직 우리가 말씀의 주되심을 인정할 때에만 성령의 빛이 우리를 깨닫게 합니다.

감각을 통해 얻어진 증거를 의심하는 것은 쉬운 일이 아닙니다.

우리가 이 주제를 연구하면 할수록 그것은 더 중요해집니다.

우리는 세상적인 생각과 그 모든 지식을 던져버리고 그 자리에 하나님의 계시를 받아들여야 합니다.

감각 지식이 당신의 이성을 다스리고 있는 한 당신은 믿음을 세울 수 없습니다.

감각으로부터 파생된 이성에 귀를 기울이는 한 당신은 결코 말씀을 믿지 못하고, 믿음으로 행하지도 못하며, 당신의 삶에서 믿음의 승리를 볼 수도 없을 것입니다.

예수님께서 나사로의 무덤에서 마르다에게 하셨던 말씀은 지금 우리가 살고 있는 이 세대에도 적용됩니다.

예수님께서 "돌을 옮겨 놓으라."고 말씀하시자, 마르다는

"주여, 죽은 지가 나흘이 되었기에 그의 시신이 썩었습니다."라고 대답했습니다.

감각 지식이 마르다를 잡고 있었습니다.

예수님은 그녀에게 아주 부드럽게 말씀하셨습니다. "내 말을 네가 믿으면 하나님의 영광을 보리라 하지 아니하였느냐." 마르다는 하나님의 영광을 보았지만, 저는 그녀가 그것에 감사했는지 궁금합니다.

이런 경우를 예로 들어보겠습니다.

여기 암에서 치유된 한 여성이 있습니다. 암에 걸린 것은 끔찍한 일이었습니다. 하나님께서 사람들 앞에서 기적을 행하시자 감각 지식의 사람들은 "글쎄, 암이 아니었을 수도 있어."라며 의심했습니다.

또 다른 사람은 "아마도 자연적으로 나을 때가 되어서 나은 것일 거야."라고 말합니다.

감각 지식은 하나님께 신뢰를 두지 않을 것입니다. 감각 지식으로 할 수 있는 일은 단지 "그것을 던져버리는 것"뿐이며, 계시 지식 곧 하나님의 말씀이 그 자리를 차지하게 하십시오.

구약의 말씀 중 가장 확실한 대조를 보여주는 구절 가운데 하나가 예레미야 17:5-8에 있습니다.

"여호와께서 이와 같이 말씀하시니라 무릇 사람을 믿으며 육신으로 그의 힘을 삼고 마음이 여호와에게서 떠난 자는 저주를 받을 것이라"

이 말씀을 이렇게 읽어봅시다. "여호와께서 이와 같이 말씀하시니라. 무릇 감각 지식을 믿으며 감각 지식으로 그의 힘을 삼고 마음이 여호와에게서 떠난 자는 저주를 받을 것이라."

여기에 대조되는 것이 있습니다.

하나는 우리로 하여금 항상 하나님께로부터 멀어져 사람이 하는 것을 신뢰하도록 이끌며, 다른 하나는 우리로 하여금 주님을 신뢰하도록 이끕니다.

"그러나 무릇 여호와를 의지하며 여호와를 의뢰하는 그 사람은 복을 받을 것이라"렘 17:7

이 구절들을 주의 깊게 읽으며 감각 지식의 믿음과 계시의 믿음의 차이를 주목하십시오.

감각 지식의 믿음은 인간이 하는 것, 할 수 있는 것, 그동안 해 온 것 안에 있습니다.

계시의 믿음은 "살아 있고 항상 있는" 하나님의 말씀 안에 있습니다.

11 장

우리의 감각과 말씀

우리의 감각과 말씀 사이에는 항상 충돌이 있을 것입니다.

말씀은 믿음으로 행하라고 우리에게 요구하지만, 감각은 보는 것으로 행하라고 합니다.

말씀은 절대적인 순종을 요구합니다. 감각은 그에 대해 반항심을 불러일으킵니다.

감각은 아주 오랫동안 지배해 왔기 때문에 말씀에 그 주권을 양보하기가 어렵습니다.

믿음으로 행하는 것은 단순히 말씀을 따라 행하는 것입니다.

그것은 우리를 감각의 영역으로부터 빠져나와 영의 영역으로 들어가도록 인도합니다.

"우리가 주목하는 것은 보이는 것이 아니요 보이지 않는 것이니" 고후 4:18

아마도 이런 개념에 있어서 가장 감동적인 구절은 고린도후서

10:3-5일 것입니다. "우리가 육신으로 행하나 육신에 따라 싸우지 아니하노니 우리의 싸우는 무기는 육신에 속한 것이 아니요 오직 어떤 견고한 진도 무너뜨리는 하나님의 능력이라 모든 이론을 무너뜨리며 하나님 아는 것을 대적하여 높아진 것을 다 무너뜨리고 모든 생각을 사로잡아 그리스도에게 복종하게 하니"

  육신으로 행하는 것은 감각을 따라 행하는 것입니다.

  우리는 영 안에서 행하며, 우리가 싸우는 무기는 말씀입니다.

  견고한 진은 감각 지식에 의해 생겨난 것이며, 인간은 그것으로 말씀에 대항해 스스로를 방어합니다.

  그것은 거짓 논리입니다.

  거짓 논리는 초자연적인 것을 부인하고 하나님의 말씀에 대한 권위를 부인합니다.

  우리는 모든 생각을 사로잡아 말씀에 복종하게 합니다.

  헛된 논리와 쓸데없는 공상은 믿음의 적입니다. 그것들은 하나님의 말씀에 반대하여 스스로를 높입니다.

  인간적인 의견들이 사역자들의 심령을 두려움으로 가득 채우며 교회를 얼마나 무능하게 만들어 왔는지 참 놀랍습니다.

  이제 우리는 모든 감각 지식의 생각을 "사로잡아 그리스도에게 복종하게" 하고 있습니다.

  구원받기 위해 감각 지식의 방법을 의지하라고 친구들이 유혹할 때, 우리는 단호하게 말씀으로 돌아가 온 심령을 다해 주님을 신뢰합니다.

청구서를 지불하기 위해 돈을 빌리고 싶은 유혹을 받을 때, 우리는 "나의 하나님이 너희의 모든 필요를 공급하신다"고 선포하는 말씀으로 돌아갑니다.

우리가 연약함과 능력의 부족함으로 시험 받을 때, "내게 힘 주시는 그분 안에서 내가 모든 것을 할 수 있다"는 말씀을 기억합니다.

몸이 약해지고, 업무가 과중할 때, "여호와는 내 생명의 능력이시니 내가 누구를 무서워하리요?"라는 말씀을 기억합니다.

지혜가 부족해지면, "그분은 나의 빛이요 나의 구원이시니 내가 누구를 두려워하리요?"라는 말씀을 기억합니다.

당신은 감각 지식을 의지하지만, 그것은 종종 신뢰를 깨뜨립니다. 당신의 신뢰는 비참하게 깨집니다. 그러나 당신이 말씀을 의지하면, 그것은 결코 실패할 수 없습니다.

감각 지식은 항상 "부족함과 필요"를 외치며 "우리는 이제 무엇을 해야 하지? 남아 있는 돈도 없는데 이 청구서들은 어떻게 지불하지?"하며 묻습니다.

말씀은 선포합니다. "너희 하늘 아버지께서 이 모든 것이 너희에게 있어야 하는 줄을 아시느니라" 마 6:32

저는 감각 지식의 논리로 혼란스러운 가운데 속삭이는 그분의 음성을 들을 수 있습니다. "너의 믿음의 고백을 굳게 붙잡으라."

우리의 고백은 항상 말씀을 붙잡든지, 아니면 그 반대편을 붙잡든지 둘 중 하나입니다.

아플 때, 우리는 "그가 채찍에 맞으므로 우리가 나음을 얻었다"라는 말씀을 듣습니다. 연약함과 실패를 고백하고, 채워지지 않은 필요를 고백할 때마다 우리는 무의식적으로 말씀의 반대편을 붙잡고 있는 것입니다.

우리가 "저는 너무 연약해서 이 일을 할 수 없어요."라고 말할 때, 그것은 우리에 대한 사탄의 우월함과 우리의 삶 가운데 하나님의 능력을 방해하는 사탄의 능력을 고백하는 것입니다.

우리가 오늘날 듣는 대부분의 고백들은 부족함과 실패, 우리의 삶 속에서 역사하는 사탄의 우월함에 대한 것들입니다.

믿음은 "나의 하나님이 모든 필요를 공급하신다", "하나님께로부터 온 말씀이 아닌 것에는 아무런 능력이 없다"고 외칩니다.

말씀은 감각을 지배합니다.

만약 우리의 연약함과 재정적 결핍을 바라보며 "내가 어떻게 성공할지, 집세는 어떻게 낼지 모르겠어요."라고 말한다면, 우리는 그 싸움에서 진 것입니다.

반대로, 우리가 "하나님이 나의 공급자이시고, 내 생명의 능력이시다", "아니다, 이 모든 것에서 나는 정복자보다 더한 자이다"라고 선포한다면, 우리는 승리자가 됩니다.

믿음은 "하나님께서 그분의 말씀이 그대로 이루어지는 것을 지켜보신다"고 선포합니다.

다윗은 가장 특별한 것을 고백했습니다. "주께서 내 원수의 목전에서 내게 상을 차려주시니…내 잔이 넘치나이다."

실패 앞에서, 연약함 앞에서, 감각 지식이 가져온 하나님의 말씀과 반대되는 상황들 앞에서도, 저는 다윗이 부른 찬양의 노래를 크게 외칩니다. "하나님은 감각 지식이라는 원수의 목전에서 내게 상을 차려주셨습니다."

12 장

계시 지식의 열매를 구하며
감각으로 행하는 것

    대부분의 그리스도인들은 아직도 믿음으로 행하는 법을 배우지 못했습니다. 그들의 마음은 여전히 감각의 통로를 통해 삶에 대한 지시들을 받고 있습니다.

    믿음으로 행한다는 것은 하나님의 말씀으로 행한다는 뜻입니다.

    감각으로 행하는 것은 당신 혹은 다른 사람의 논리에 따라 행하는 것입니다.

    한 여성이 어느 날 밤 제게 다가와 자녀를 위해 기도해 달라고 부탁했습니다.

    "의사들이 아이를 위해 모든 치료를 다 했지만 희망이 없다고 합니다."라고 그녀가 말했습니다.

    저는 그녀에게 왜 하나님 아버지를 먼저 찾지 않았는지 물었습니다.

그녀는 "저도 그것을 생각해봤지만, 뭘 해야 할지 몰라서 의사에게 연락을 했습니다."라고 대답했습니다.

그것은 인간의 한계에 직면하여 두려움 가운데 보이지 않는 하나님께 도움을 구하며 부르짖는 감각 지식입니다.

그녀는 의사를 볼 수 있었기 때문에 의사를 신뢰할 수 있었습니다. 약물은 볼 수 있었지만 하나님은 볼 수 없었기 때문에 그녀는 말씀을 신뢰할 수 없었습니다.

그녀는 그분의 음성을 들을 수 없었습니다.

그러나 의사들이 자녀를 고칠 수 없게 되자, 그녀는 도움을 요청하기 위해 하나님께 돌아섰습니다.

놀라운 것은 하나님 아버지의 사랑과 은혜입니다.

그분은 즉시 그 아이를 만지셨고 질병으로부터 구원하셨습니다.

감각 지식은 그 한계에 도달했습니다.

의사는 아이의 몸 속 장기에 대해 잘 알고 있었습니다.

의사는 특정한 장기에 있는 염증을 절개하여 드러낼 수는 있었지만, 그 염증을 가라앉히거나 치료할 방법은 없었습니다.

그러나 믿음은 "하나님이 인간의 몸을 창조하셨기 때문에 그분은 반드시 치유하신다"고 고백합니다.

믿음은 하나님께서 예수님께 그 질병을 얹으셨다고 말합니다. 예수님이 그 질병을 짊어지셨기에 그 아이는 질병을 가지고 있을 필요가 없습니다.

그러므로 저는 제 심령을 그분께 올려드리며 고백합니다. "그 아이가 건강하게 해 주셔서 감사합니다. 그 질병을 예수님께 얹으셔서 아이가 그 병으로 고통 받지 않게 하시니 감사합니다."

그 아이는 건강합니다.

감각 지식은 이것을 이해할 수 없습니다.

감각 지식은 믿음을 비웃으며 "그렇게 될 수 없어"라고 말합니다. 그러나 모든 인간에게는 하나님을 갈망하는 영, 곧 믿음을 갈망하는 영이 있습니다. 그 영은 하나님만이 행하실 권리와 능력이 있는 일을 수행할 인간을 찾으며, 하나님을 향해 문을 닫아 버린 이성에 반대하며 소리칩니다.

저는 감히 이렇게 말합니다. 이 책을 읽는 모든 사람은 자신이 영적인 존재이며, 자신에게는 하나님이 필요하고, 믿음이 필요하며, 오직 하나님으로부터만 올 수 있는 사랑이 필요하다는 것을 자기 영 안에서는 알고 있다고 말입니다.

올바른 생각과 그릇된 생각

인간은 항상 하나님으로부터 독립할 길을 찾아 왔습니다.

몇 년 전, 어떤 사람은 화학 분야에서 이루어 온 훌륭한 업적들을 고려해 볼 때, "우리는 곧 하나님으로부터 독립할 것입니다"라고 발표했습니다.

그는 화학과 관개 분야에서의 업적들을 볼 때 인간이 하나님으로부터 독립할 수 있을 것이라 생각했습니다. 그러나 인간에게는 햇빛과 바람이 있어야만 했습니다. 인간은 하나님만이 주실 수 있는 생명을 가져야만 했습니다.

그것에 대한 인간의 감사가 얼마나 보잘것없는지요.

감각 지식은 하나님을 보좌에서 몰아내려고, 다시 말해 하나님만이 채우실 수 있는 그 자리를 빼앗기 위한 방법을 모색하고 있습니다.

영적인 생활에서도 그렇습니다. 감각 지식은 영적인 일들에서도 하나님과 무관함을 찾으려고 노력합니다.

인간은 하나님 없이도 잘 살 수 있으며, 스스로의 길을 만들어 나갈 수 있고, 미래를 계획할 수 있다고 생각합니다.

저는 최근에 이런 사람들 중 한 명에게 물어보았습니다. "그렇다면 천국은 어떻습니까?"

그는 "만약 천국 같은 곳이 있다면 우리의 행위나 노력으로 그것을 얻을 가치가 있을 것입니다."라고 대답했습니다.

감각 지식이 구원자로서의 예수 그리스도를 대신하려 합니다.

사람들이 그들의 지식에 하나님 두기를 싫어했다는 로마서 1:28의 말씀과 우리는 참으로 많이 닮았습니다.

우리의 교육 환경에서 우리는 이미 그런 위치에 와 버렸습니다.

교실과 대학 밖으로 성경책을 던져버렸습니다.

더 이상 성경이 있을 자리가 없습니다.

교사들은 성경을 조롱합니다.

업계 사람들은 예수 그리스도를 대신할 다른 신을 데려왔습니다.

업계는 하나님 없이 잘 지낼 수 있다고 생각했기 때문에 혼란 상태에 빠져 있습니다.

우리는 가정에서도 하나님 없이 잘 지낼 수 있다고 생각했습니다. 그 결과 세 가정 중 한 가정은 심각한 문제를 안고 있으며, 우리 아이들은 올바른 가정교육을 받지 못한 채 바깥세상으로 내던져지고 있습니다.

우리는 스스로를 유린하고 스스로를 제한하고 있으며, 교실과 학교 그리고 업계와 가정에 그분이 계시다는 귀한 특권을 우리 스스로가 부인하고 있다는 사실을 거의 인식하지 못하고 있습니다.

우리가 어떻게 우리 자신을 속여 왔던가요. 모든 국민의 삶 속에서 살아계신 그리스도의 영향력을 그들에게서 어떻게 강탈해 왔는지요.

이성이 계시보다 더 안전하고 더 좋다고 생각할 때마다 그 사람은 빛에서 나와 어둠 속으로 걸어 들어가고 있는 것입니다.

우리가 예수 그리스도의 주되심을 거절하고 우리 자신의 이성을 주권으로 받아들일 때, 그 결과 우리는 황폐해지는 엄청난 실수를 저지릅니다.

예수 그리스도를 우리 가정의 머리요, 사업장의 머리이자 학교에서의 교사로서 받아들이지 않는 것은 우리가 범하는 가장 불행한 실수 가운데 하나입니다.

"주님이 나의 목자이시니 내게 부족함이 없습니다", "주님이 내 생명의 능력이시니 내가 누구를 무서워하겠습니까", "나의 주님은 필요한 때마다 나의 도움이 되십니다"라고 고백할 수 있을 때, 그것이 얼마나 아름다운지 생각해 보십시오.

아이들에게 "우리는 예수님과 하나님 아버지께서 오셔서 우리와 사시도록 그분들을 초청하고 있단다"라고 말할 수 있다면 얼마나 아름답겠습니까.

아이들은 음식 앞에서 부모가 경건하게 머리를 숙이고 보이지 않는 분께 감사드리는 모습을 봅니다. 또 아이들은 학교에 가기 앞서 아이들을 보살펴 주고 보호해 달라며 자신들을 위해 기도하는 부모의 기도 소리를 듣습니다. 이런 삶을 통해 아이들은 가르침을 받을 수 있게 될 것입니다.

그것은 다른 어떤 것도 대신할 수 없는 신성함과 아름다움과 안전함을 더해 줍니다.

성경을 부정하는 감각 지식은 진정 가장 위험한 적입니다.

13 장

영생을 받는 법

    우리는 영생을 받는 것이 아주 중요하다는 것에 대해 알아봤습니다.

    우리는 영생이 가진 중요성뿐만 아니라 인간의 마음에 미치는 그 영향력에 대해서도 살펴 보았습니다.

    우리는 인간의 행복과 나라의 발전에 있어서 다른 어떤 것보다도 영생이 더 중요하다는 사실을 압니다.

    우리는 만약 한 나라의 지도자들이 영생을 받는다면 민간 부분과 정치, 교육, 그리고 금융 분야에 존재하는 격변이 모두 진정되고 제거될 수 있을 거라는 사실을 압니다.

    영생은 모든 문제를 해결했을 것입니다.

    영생을 받고 하나님 아버지와의 교제 속에서 살면서 이혼 법정에 간 적이 있는 남녀를 찾아 볼 수 없었다는 것은 이상할 만큼 흥미로운 사실입니다.

영생을 받은 사람은 하나님의 본성을 받았고, 그들은 결혼과 가정, 그리고 자녀에 대해 매우 신성한 생각을 갖고 있어서 이혼을 혐오합니다.

예수님의 주되심을 인정한 사람은 그것이 삶을 아름답고 성공적인 기업이 되게 한다는 것을 발견합니다.

어떻게 영생을 받을 수 있을까요?

그것은 매우 간단합니다. 이사야 53:6로 시작해 보겠습니다. "우리는 다 양 같아서 그릇 행하여 각기 제 길로 갔거늘 여호와께서는 우리 모두의 죄악을 그에게 담당시키셨도다"

"우리는 다 양 같아서 각기 제 길로 갔거늘"이라는 첫 구절을 주목하십시오. 여기서 죄 문제가 등장합니다.

우리가 각기 제 길로 갔다고 했는데, 그것은 각자가 만족하는 길 곧 감각의 길을 말합니다.

그 다음으로 성경은 이렇게 말씀합니다. "여호와께서는 우리 모두의 죄악을 그(예수님)에게 담당시키셨도다"

"영접하는 자 곧 그 이름을 믿는 자들에게는 하나님의 자녀가 되는 권세를 주셨으니" 요 1:12

이분이 바로 하나님께서 보내 주신 구원자입니다.

성경은 구원자로서 "그분을 영접하는 자들"에게 하나님의 자녀가 되고 자녀로서의 특권과 축복들을 누릴 합법적인 권세를 하나님께서 주셨다고 말합니다.

그분을 영접하는 사람은 누구나 영생을 받을 것입니다.

그분을 영접하는 조건은 무엇입니까?

로마서 10:9-11이 바로 하나님의 답변입니다. "네가 만일 네 입으로 예수를 주로 시인하며 또 하나님께서 그를 죽은 자 가운데서 살리신 것을 네 마음에 믿으면 구원을 받으리라 사람이 마음으로 믿어 의에 이르고 입으로 시인하여 구원에 이르느니라 누구든지 그를 믿는 자는 부끄러움을 당하지 아니하리라 하니"

다시 돌아가서 이 말씀을 주의 깊게 살펴봅시다.

"네가 만일 예수를 주로 시인하며 또 하나님께서 그를 죽은 자 가운데서 살리신 것을 네가 믿으면"

우리는 위 구절의 후반부 문장을 가지고 살펴보려 합니다. 당신이 예수님이 죽은 자 가운데서 살아나셨다는 것을 아는 한 당신은 믿습니다.

당신은 성경 말씀에 따라 그분이 당신의 죄로 인해 죽으셨고, 당신을 의롭게 하기 위해 삼 일 만에 부활하셨다는 것을 믿습니다.

이제 당신은 그분을 당신의 주님으로 고백합니다.

그것이 영생을 받는 문제에 대한 최종적인 해결책입니다.

당신에 대한 그분의 주되심을 고백합니다. 그것은 모든 것들로부터 진정으로 돌이키는 것을 의미합니다. 다시 말해 용서를 바라는 진정한 회개를 뜻합니다. 왜냐하면 예수님을 주님으로서 왕좌에 앉혀 드리는 순간, 당신은 자아와 사탄으로부터 그 왕관을 빼앗아 주인이자 통치자이신 예수 그리스도께 씌워 드리는 것이기 때문입니다.

"사람이 마음으로 믿어 의에 이르고 입으로 시인하여 구원에 이르느니라"

이 말씀이 여러분에게 무엇을 주었습니까?

"믿는 자는 영생을 가졌습니다."요 6:47

당신은 믿습니다. 당신은 영생을 갖게 됩니다.

"내가 하나님의 아들의 이름을 믿는 너희에게 이것을 쓰는 것은 너희로 하여금 너희에게 영생이 있음을 알게 하려 함이라"요일 5:13

당신은 그분의 이름을 믿었습니다. 그분을 당신의 구원자로 받아들였습니다. 그분을 당신의 주님으로 고백했고, 이제 하나님께서는 당신을 그분의 자녀로 삼으셨습니다. 당신은 그분의 가족이 되었습니다.

여기 우리 모두에게 아주 중요한 몇 가지 추가적인 사실들이 있습니다.

"그런 즉 누구든지 그리스도 안에 있으면 새로운 피조물이라 이전 것은 지나갔으니 보라 새것이 되었도다 모든 것이 하나님께로서 났으며 그가 그리스도로 말미암아 우리를 자기와 화목하게 하시고 또 우리에게 화목하게 하는 직분을 주셨으니"고후 5:17-18

이 구절에서 예수 그리스도를 영접한 당신은 새로운 피조물이라는 것을 알게 됩니다.

"우리는 그가 만드신 바라 그리스도 예수 안에서 선한 일을 위하여 지으심을 받은 자니…"엡 2:10

당신은 아버지와 화목하게 됩니다.

왜냐하면 "하나님이 죄를 알지도 못하신 이를 우리를 대신하여 죄로 삼으신 것은 우리로 하여금 그리스도 안에서 새로운 탄생을 통해 영생을 받음으로써 하나님의 의가 되게 하셨기" 때문입니다.

이제 당신에게는 예수님께서 그러하셨던 것처럼 하나님 아버지의 임재 안으로 들어갈 권리가 있습니다.

예수님이 당신의 자리가 되셨기 때문에, 이제 당신은 예수님처럼 완전한 자리에 서 있습니다.

그분은 당신을 보증하십니다.

그러므로 이제 당신에게는 정죄함이 없습니다. 당신이 그리스도 예수 안에 있기 때문입니다.

이 모든 것이 다 무슨 의미일까요?

정확한 의미는 다음과 같습니다.

당신이, 이것이 진짜인 것처럼 행동하는 것입니다. 그것이 사실이니까요.

당신이 이 사실의 완전한 참됨을 인정하는 것입니다. 그것은 모두 하나님께로부터 왔기 때문입니다.

당신은 그분의 가족 안에 있습니다. 당신의 자리를 차지하십시오.

이제 당신은 하나님의 상속자 곧 그리스도와 함께한 공동 상속자입니다. 이제 그것을 행하십시오.

하나님은 이제 당신의 삶의 능력이십니다.

당신의 힘과 능력이 되시는 그리스도 안에서 당신은 모든 것을 할 수 있습니다.

당신은 하나님의 그 능력을 받았습니다.

당신은 하나님의 그 힘을 받았습니다.

당신은 하나님의 그 생명을 받았습니다.

예수님이 주신 사랑의 법이 이제 당신의 삶을 다스리는 법입니다.

"너희가 서로 사랑하면 이로써 모든 사람이 너희가 내 제자인 줄 알리라" 요 13:35

당신에게는 그 사랑이 있습니다.

이제 당신은 가서 그 이야기를 전해야 합니다.

증인이 되는 것이 이제 당신의 일입니다.

당신은 세상에 전해야 합니다.

14 장

계시에 대한 요약

계시 지식의 중요함을 이해하고 나니 감각 지식이 완전히 실패했다는 것을 아셨을 것입니다. 이제 계시 지식이 인간에게 어떤 의미가 있는지를 알려드리겠습니다.

우리의 속량

하나님은 우리의 속량에 있어 그분이 하실 수 있는 모든 것을 다 하셨습니다. 그분은 우리 죄를 위한 대속물로서 독생자를 주셨습니다.

그분의 완성된 사역은 인간의 모든 필요를 충족시킵니다. 그분은 범죄한 인간에 대한 우주 최고 법정의 요구 조건들을 완벽하게 충족시키셨습니다.

하나님께서 우리의 속량을 계획하셨을 때, 그것은 모든 필요를 다 포함했습니다. 그분은 필요한 것을 아셨습니다. 그분은 모든 인간의 필요를 완전히 충족한 속량을 제공하셨습니다.

그분은 영과 혼과 몸을 위한 완벽한 속량을 주셨습니다.

그 아들은 그분을 위해 속량사역을 끝내신 후, 이제 모든 필요에 대한 우리의 믿음을 만족시키시고자 모든 약속을 이행할 준비가 되어 있습니다.

그분은 우리에게 완벽한 의를 주셨습니다. 그러므로 우리는 아담이 죄를 짓지 않았던 것처럼 그분의 임재 안에 설 수 있습니다.

그분은 인간이 타락할 거라는 사실을 아셨음에도 불구하고 인간을 창조한 그분의 권리를 정당화하셨을 뿐만 아니라 그 이상으로 모든 질병이 치유되고, 모든 연약함이 강건해지고, 모든 사탄의 능력을 무효로 만들며, 완벽하게 의로운 존재 곧 그리스도 예수 안에서 창조된 완전한 새로운 피조물이 그분의 임재 안에 설 수 있게 하셨습니다.

육신을 입으신 분의 사역

그분은 인간이 되셔서 인간으로서 우리의 한계를 담당하시고, 우리 가운데 사셨으며, 그 후 죄를 알지도 못하신 그분 자신이 우리를 대신해 죄가 되셨습니다.

그분은 우리의 아픔으로 아프셨고, 우리의 연약함으로 약해지셨습니다.

그분은 버림받으셨고 우리의 모든 것의 일부가 되셔서, 우리의 모든 연약함, 아픔, 질병과 동일시되셨습니다. 그 후 그분은 우리의 죄와 질병을 가져가셨고 인간에 대한 모든 요구가 완전히 충족될 때까지 고난 받으셨습니다.

그러자 하나님께서는 그분을 의롭게 하셨습니다. 그분이 겪으신 고통 안에서 인류에 대한 요구 조건들이 충족되었기 때문입니다.

의롭게 되신 후 그분은 영으로 살아나셨습니다. 그 후 원수를 만나 그를 정복하고, 그에게서 권세와 통치권을 빼앗아 부활하셨습니다.

그리고 그분은 자신의 피를 하늘의 지성소로 가져가 하나님 아버지 앞에서 자비석 위에 그 피를 쏟아 부어 우리를 위한 영원한 속량을 이루셨습니다. 예수님은 그 모든 일을 우리를 위해 하셨습니다.

그분의 사역은 아주 완벽합니다. 그분의 사역으로 인해 인간은 하나님 앞에 설 수 있고, 모든 질병으로부터 치유될 수 있습니다. 새로운 피조물에 대한 사탄의 통치는 완전히 깨졌습니다.

첫 아담이 잃어버렸던 권세가 예수님께 주어졌고, 인류의 구원을 위해 그분이 하신 일로 인해 권세의 회복과 함께, 증가된 통치와 능력이 그분에게 주어졌습니다. 그분의 이름을 합법적으로 사용할 때 그 권세와 통치가 우리에게 주어집니다.

성령의 사역

우리는 예수님을 죽은 자들로부터 일으키신 분이 성령님이셨다는 것을 압니다.

우리는 성령님이 하셔야 하는 모든 일을 다 하셨고, 하나님께서 그리스도 안에서 우리를 위해 하신 모든 것들이 우리 각자의 삶 속에서 선을 이루도록, 다시 말해 하나님 아버지의 생명과 본성을 우리의 썩어질 육체에 부어서 실재로 그 썩어질 몸이 생명 안에서 삼켜지도록 이 순간 준비하고 계신다는 것을 압니다.

"너희 안에서 행하시는 이는 하나님이시니 자기의 기쁘신 뜻을 위하여 너희에게 소원을 두고 행하게 하시나니" 빌 2:13

"이는 너희 안에 계신 이가 세상에 있는 자보다 크심이라" 요일 4:4

성령님은 우리를 모든 진리 가운데로 인도하실 것입니다. 예수님은 그분의 역할을 다 하셨습니다. 성령님 또한 그분의 역할을 다 하셨습니다. 세 분 모두는 지금 당신의 모든 요구를 만족시킬 준비가 되어 있으십니다.

그분들은 당신의 믿음이 무엇을 취하든지 그 믿음을 만족시키기 위해 언제라도 준비가 되어 있으십니다. 그러나 우리에게 속한 것을 우리가 취하지 않는다면, 그분들은 도움을 주실 수 없으시며 우리를 위해 그분들이 하신 일은 아무 소용이 없습니다.

믿는 것은 취하는 것입니다

 "믿는 것"은 동사이므로, 당신이 해야 할 일은 그분이 당신에게 주신 것을 취하는 것이 전부라고 말씀드렸습니다.

 먼저, 믿는다는 것은 당신의 구원, 영생, 새로운 탄생, 그리고 하나님과의 연합을 받아들이는 것입니다. 다음으로 그것은, 위대하고 전능하신 성령님을 당신 안에 거하시는 분, 당신의 인도자이자 교사, 치유자이자 승리자로서 받아들이는 것입니다. 그러고는 당신의 영과 혼과 몸에 대한 원수로부터의 온전한 구원을 받아들이는 것입니다.

 그것은 오래된 상처와 불신, 그리고 의심과 두려움에 대한 치유와 당신의 영에 대한 완전한 치유를 취하는 것입니다.

 지금 예수님께서 아버지 앞에 흠 없이 서 계시기 때문에 당신도 그분 안에서 아버지 앞에 흠 없이 서 있습니다.

 당신이 그리스도 예수 안에 있기 때문에 이제 당신에게는 어떤 정죄함도 없습니다.

당신의 권세를 사용하십시오

 당신의 육체에 있는 죄와 질병의 낡은 법령은 폐기되었고, 당신은 그 법령에 대해 예수 이름으로 나가라고 명령합니다.

이제 당신은 영 안에서 스스로를 완벽하게 치유된 자로 바라봅니다. 당신은 하나님께서 당신을 위해 하신 모든 일이 실제로 온전한 치유와 회복을 가져오며 가능해진 것을 압니다. 당신은 완벽한 구원과 마음의 치유를 받았습니다. 그리고 그것은 지금 효력을 발생합니다. 당신은 몸에 대한 완벽한 치유를 가졌습니다.

당신을 위해 행해진 모든 것과 당신에게 속한 모든 것을 당신은 압니다. 당신은 치유를 앞당기며, 당신이 믿는 만큼 질병과 아픔과 고통으로부터 온전한 해방을 소유합니다. 그것이 결핵이든, 암이든, 관절염이든, 궤양 혹은 종양이든 상관없습니다.

질병의 특성에 상관없이, 그 질병이 당신의 영과 생각 안에 굳어지면 마침내 당신의 몸에는 그 질병의 치명적인 증상이 나타납니다.

당신은 예수님께서 질병을 가져가셨다는 것을 압니다.

당신은 예수님께서 그것을 제거하셨다는 것을 알고 있고, 지금 그것이 제거된 것을 믿습니다.

당신은 질병이 예수 그리스도의 영과 혼과 몸에 있지 않는 것 이상으로 당신의 영과 혼과 몸에도 있지 않다는 것을 압니다.

당신은 그분 몸의 지체이므로 이제 그 질병이 당신의 몸에 있을 곳이 없다는 것을 압니다.

당신이 그분의 은혜의 말씀을 믿는 것은 당신의 신체 조직으로부터 그 질병을 몰아내는 것이며, 당신은 그분 안에서 깨끗하고 건강하며 온전하게 서 있습니다.

믿는다는 것은 소유하는 것이며, 치유 안으로 들어가 그것을 소유하는 자가 되는 것입니다.

믿는 것과 암시

암시는 순전히 인간적인 것입니다. 당신이 정신적으로 어떤 일이 진짜라고 말하거나, 제가 그것을 당신에게 말하며 당신이 저의 제의를 받아들이고 그것에 따라 행동할 때까지 계속해서 그것을 말하는 것이 암시입니다.

그것은 기독교가 아닙니다. 그것은 심리학입니다.

그것은 그리스도를 믿는 것이 아닙니다. 그것은 당신 자신, 당신의 마음을 믿는 것입니다. 당신의 마음에는 질병을 몰아내고 성공과 건강을 밀어 넣을 수 있는 하나님 요소a God element가 존재한다고 당신은 믿습니다.

그러나 당신의 믿음은 자신 안에 있습니다. 그것은 암시를 믿는 사람에게는 하나님이 없기 때문입니다. 그는 천상에 계신 하나님을 완전히 무효화하고, 정신적으로 하나님의 자리를 차지했습니다. 그는 우리가 사용하는 모든 용어들을 사용하지만 그것들에 새로운 의미를 부여합니다.

그가 "하나님"이라고 말할 때, 그는 자신의 더 높은 자아를 뜻합니다. 그러나 제가 "하나님"이라고 말할 때, 그것은 우주의 창조주를 말하는 것이며 거기에는 어떤 혼합된 자아가 없습니다.

저는 믿을 때, 하나님의 말씀을 따라 행동합니다. 그러나 그는 믿을 때 자신의 마음이 낳은 것을 따라 행동합니다. 저는 예수님을 죽은 자들로부터 일으키시고 질병과 아픔을 제거하신 살아있는 하나님의 말씀을 따라 행동합니다.

제가 말하고 있는 모든 것이 이 책의 다른 부분들에서도 언급되었지만, 새로운 각도에서의 이 글이 그리스도 안에 있는 당신의 특권을 이해하는데 도움을 줄 것입니다.

영적인 연약함은 어떻게 오는가

믿는 자 안에 있는 영적인 연약함은 정죄감이나 죄의식 또는 지속적으로 그를 맞서 일어나는 무가치하다는 감정으로부터 옵니다. 그가 기도하려고 할 때마다 자신이 무가치하다는 생각이 튀어나와 그와 하나님 아버지 사이를 가로막습니다.

믿음은 그 힘을 잃고, 믿음을 작동하게 하는 기능은 마비됩니다. 그는 자신의 죄의식 가운데 수동적이고 무력하게 서 있을 뿐 아무것도 할 수 없습니다.

이제 우리는 하나님께서 죄를 제거하셨다는 것을 압니다. 우리는 우리가 그리스도 예수 안에서 창조된 새로운 피조물이라는 것을 압니다.

우리는 하나님께서 새로운 피조물의 창조자이시며, 하나님께서 깨끗하게 하신 것을 부정하다고 할 권리가 우리에게 없고, 하나님께서 의롭게 하신 것을 비난할 권리가 우리에게 없다는 것을 압니다.

우리는 원수의 손아귀로부터 속량되어 어둠의 나라에서 그분의 사랑의 아들의 나라로 옮겨졌으며, 속량받은 사람들로서 "그러므로 이제 그리스도 예수 안에 있는 우리에게는 결코 정죄감이 없다"는 또 하나의 사실을 압니다.

우리는 속량되었고, 완벽하게 의로우며, 의롭다고 선언된 채 아버지 앞에 서 있습니다. 그 선언은 아버지의 보좌로부터 나온 것입니다.

하나님께서 우리를 의롭게 하시고 의롭다고 선언하셨다면 누가 우리를 정죄할 권리를 갖고 있겠습니까?

분명 예수님은 그렇게 하지 않으실 것입니다. 우리를 위해 죽으셨고 이제는 우리를 위해 살아계신 분이 바로 예수님이시기 때문입니다.

고소자 사탄

우리를 대적하여 고소할 수 있는 유일한 존재는 마귀입니다. 그러나 하나님은 그의 말을 듣지 않으실 것입니다.

우리는 마귀의 거짓말을 듣고 그것을 믿습니다. 그러면 우리는 무기력해지고, 우리에 관해 하나님께서 그리스도 안에서 하신 모든 일들이 완전히 소용없게 됩니다.

반대로, 우리가 의롭게 되었고 바로 지금 우리가 의롭다는 말씀을 믿으면, 사탄은 우리에 대한 그의 지배력을 상실합니다.

어제 누군가가 저에게 이렇게 물었습니다. "거듭나서 새로운 피조물이 된 우리가 지금은 가난하고 연약하며 죄를 짓는 존재입니까?" 저는 "아니요, 결코 그렇지 않습니다."라고 대답했습니다.

자신을 그러한 존재로 생각할 때마다 당신은 하나님께서 당신을 위해 하신 모든 것을 무효화시키고, 그리스도께서 완성하신 사역을 실패라고 선언하는 것입니다.

"하나님께서 깨끗하게 하신 것을 네가 속되다 하지 말라" 행 10:15

하나님께서 우리를 의롭다 선언하셨다면, 어느 누구도 우리를 비난할 수 없습니다.

죄 짓던 삶sin-life에 속해 있던 모든 것들은 당신이 거듭난 그 순간 끊어졌습니다. 하나님 아버지를 거슬렀던 모든 것은 파괴되어 다시는 결코 돌아오지 않게 되었습니다.

당신은 정죄하는 것 하나 없이 하나님에 의해 완전히 의롭게 되고 완전히 의롭다고 선언된 갓 태어난 아기와 같습니다. 아버지 앞에 설 때 당신은 모든 통치자와 권세의 머리이신 그분 안에서 완전한 존재입니다.

그분 안에서 완전함

"모든 통치자와 권세의 머리이신" 그분 안에서 당신은 완전하다(충만하다)고 말하는 골로새서 2:9-10의 중요한 의미를 당신이 이해했는지 궁금합니다. 하나님께서는 모든 권세와 능력과 통치 그리고 사탄의 능력에서 온 모든 체제들을 그분의 발 아래 두셨습니다.엡 1:19-23

그리스도 안에서 당신은 아버지와의 교제 가운데 만물 위에 머리로 완전하게 서 있습니다. 그분이 그러하신 것처럼, 당신도 그러합니다. 왜냐하면 당신과 그분은 완전히 하나이며 완벽하게 동일시되었기 때문입니다. 사탄의 죽음의 통치로부터 그분이 속량되셨을 때 당신도 사탄의 통치로부터 속량되었습니다.

그분이 완벽한 교제 가운데 계실 때, 당신도 완벽한 교제 가운데 있습니다. 그분이 우주 최고 법정으로부터 의롭다고 선포되셨을 때, 당신도 의롭다고 선포되었습니다.

당신이 연약하고, 무가치하며, 불결하고, 합당하지 않다고 생각하는 것은 주님 앞에서 그분 의 뺨을 때리며, "하나님, 제 느낌과 생각과 제가 속한 교회의 신학이 당신의 말씀보다 더 참되고 더 낫습니다"라고 말하며 그분을 모욕하는 것입니다.

예수님이 하신 모든 것은 당신을 위한 것입니다. 당신을 위해 보증이 되신 분은 바로 예수님이십니다. 보좌 앞에서 당신의 보증이신 분이 바로 예수님이십니다.

당신이 그분을 당신의 구원자로 받아들였을 때, 당신은 어둠과 죽음, 죄 그리고 사탄의 통치 영역으로부터 빠져나와 그리스도의 몸의 지체로서 생명과 빛의 영역으로 들어갔습니다. 예수님은 포도나무시고 당신은 가지입니다. 당신은 그분의 일부입니다. 당신이 예수님 그 자체라면, 아버지와 더 가까워질 수는 없을 것입니다.

그분과의 동일시

당신은 그분 몸의 지체입니다. 아버지의 마음 안에서 당신은 그분과 완전히 동일시되었습니다.

예수님이 죽은 자들로부터 살아나셨을 때 그분은 우리를 위해 가져가신 모든 질병으로부터 치유되셨으므로, 당신이 하나님의 가족 안으로 태어나 새로운 피조물이 된 그 순간 질병과 아픔은 당신에 대한 지배력을 잃어버렸습니다.

질병과 아픔이 아버지의 우편에 계신 예수님의 몸에 영향력을 행사하지 못하는 것처럼 그것들은 당신의 몸에서도 그 세력을 떨치지 못합니다. 당신의 대속물이었던 예수님은 한때 당신의 질병으로 아프셨지만 지금은 치유되고 의롭게 되셨습니다.

당신은 아버지의 마음속에서 당신의 대속물인 예수님을 통해 모든 질병과 아픔으로부터 깨끗해졌습니다.

이런 사실 앞에서 당신은 무엇을 해야 합니까?

"네, 그것은 절대적인 진리입니다. 저는 말씀이 말하는 그런 존재입니다."라고 고백해야 합니다. 그것이 믿음의 행동입니다. 그렇게 고백하는 것이 치유의 핵심으로 들어가는 당신의 믿음의 방법입니다. 하나님께서 말씀하신 것이 진리라고 믿을 때, 그것은 당신에게 실재가 됩니다. 당신은 그것을 따라 행동합니다.

이제 이 사실을 붙잡으십시오. 그분은 당신이 되셨습니다. 십자가에 달리실 때, 그분은 당신을 대신해서 당신의 죄를 지셨고 당신 그 자체가 되셨습니다.

당신이 연약했기에 그분은 연약해지셨습니다. 당신이 죄를 지었기에 그분은 죄가 되셨습니다. 당신이 심판아래 있었기에 그분은 심판을 받으셨습니다. 당신이 아팠기에 그분은 당신의 아픔을 넘겨받으셨습니다.

그분은 그것들을 가져가셨습니다. 그분은 당신과 당신의 아픔과 죄를 가지고 어둠의 영역으로 내려가셨습니다.

그 후 그것들을 자신에게서 제거하셨습니다. 골로새서 2:15은 "통치자들과 권세들을 무력화하여 드러내어 구경거리로 삼으시고 십자가로 그들을 이기셨느니라"고 말씀합니다.

그분이 통치자들과 권세를 무력화시키셨을 때, 그분은 당신의 아픔과 질병과 죄도 무력화시키셨습니다. 그분이 십자가에 달리셨을 때 그분은 그것들과 당신을 그분 자신에게 담당시키셨습니다. 이제 그분은 그것들을 모두 무력화시키고 제거하셨습니다.

그분이 어떤 분인지 그대로 바로 지금 당신이 그런 사람입니다.

그분이 죄를 제거하심으로 의롭게 되셨기 때문에 당신은 그분 안에서 의롭게 되었습니다.

"하나님이 죄를 알지도 못하신 이를 우리를 대신하여 죄로 삼으신 것은 우리로 하여금 그 안에서 하나님의 의가 되게 하려 하심이라"고후 5:21

당신은 죄의 법이 당신의 몸에서 역사하지 못하도록 거절합니다. 죄의 법은 질병과 아픔입니다. 그 법은 유죄 판결을 받았습니다.

우주 최고 법정이 죄의 법에 대해 판결을 내렸습니다. 그것은 이제 설 자리가 없습니다. 그 법이 당신을 다스리도록 허락하지 마십시오. 질병과 아픔에 의해 지배되는 것을 거절하십시오.

이제 죄는 더 이상 당신을 다스리지 못한다는 것을 기억하십시오. 왜냐하면 당신은 그리스도 예수 안에서 자유하게 되었기 때문입니다. 질병은 당신을 다스리지 못합니다. 질병은 "내가 네 몸과 위와 내장과 심장, 폐나 기관지의 주인이다"라고 말하지 못합니다. 당신은 어찌되었든지 어떤 질병도 당신의 몸을 지배하지 못하게 거절하십시오.

"진리가 너희를 자유케 하리라"

당신은 자유합니다. 질병과 아픔을 지배하신 그리스도 예수로 말미암아 당신은 자유하게 되었습니다.

두려움은 더 이상 당신을 지배하지 못할 것입니다. 당신은 자유한 사람입니다. 당신은 두려움의 속박으로부터 해방되었습니다.

두려움의 창시자인 사탄은 패배했고 정복되었습니다. 당신은 그리스도 안에서 그를 다스립니다. 사탄은 이제 더 이상 당신을 지배하지 못할 것입니다. 당신이 "어떤 상태에서도 환경에서 자유로워지는 법을" 배웠기 때문입니다.

당신은 그리스도 안에서 모든 것을 할 수 있습니다. 그분은 당신에게 모든 것을 통과할 능력을 주십니다. 사람들이 더 이상 당신을 다스리거나 지배하지 못할 것입니다. 당신은 그리스도 안에서 완전히 자유하게 서 있습니다.

그분이 당신의 주님이시며, 그분만이 당신이 충성할 의무가 있는 유일한 분이십니다. 예수님만이 당신의 주인이시고, 다른 것들은 더 이상 당신을 다스리지 못할 것입니다.

그러므로 그리스도께서 당신을 자유롭게 해 주신 그 자유 안에서 굳건히 서서 당신의 주님이신 예수 그리스도를 통해 죄와 아픔과 질병으로부터 해방된 것을 기뻐하십시오.

결론

이 분야는 대부분의 사람들에게 생소하지만, 그것은 대학생들이 대면한 가장 어려운 문제들 중 일부를 해결합니다.

이 책은 예수 그리스도의 주되심에 결코 항복하지 않는 사람이 영적인 것들을 이해할 수 없는 이유를 알려줍니다.

다른 한편으로 이 책은 예수님을 삶의 주인으로 삼고, 이 계시 지식이 하나님으로부터 온 것임을 받아들이는 사람에게 창조의 계획, 생명과 인간의 속량에 대한 전체적 계획이 어떤 것인가를 보여줍니다.

우리가 눈에 보이지 않는 존재를 받아들일 때 인생은 위대하며, 풍성하고 놀라워집니다.

그 심령은 예수 그리스도가 그 심령의 보좌에 앉아 계실 때 안식처를 발견합니다.

우리는 감각 지식이 결코 하나님을 발견할 수 없으며, 그분을 알 수 없다는 것을 깨달았습니다. 그러나 모든 사람의 곁에는 새로운 종류의 지식, 새로운 종류의 생명으로 그를 인도해 주며, 실패와 연약함, 심령의 갈급함에서 사랑의 연회장으로 그를 이끌어 줄 인도자가 있습니다.

믿음의말씀사 출판물

구입문의 : 031-8005-5483 http://faithbook.kr

■ 케네스 해긴의 「믿음 도서관」 책들
- 새로운 탄생
- 재정 분야의 순종
- 나는 지옥에 갔다 왔습니다
- 하나님의 처방약
- 더 좋은 언약
- 예수의 보배로운 피
- 하나님을 탓하지 마십시오
- 네 주장을 변론하라
- 셀 모임에서 성령인도 받기
- 안수
- 치유를 유지하는 법
- 사랑은 결코 실패하지 않습니다
- 하나님께서 내게 가르쳐 주신 형통의 계시
- 왜 능력 아래 쓰러지는가?
- 다가오는 회복
- 잊어버리는 법을 배우기
- 위대한 세 단어
- 하나님의 은사와 부르심
- 그 이름은 "놀라우신 분"
- 우리에게 속한 것을 알기
- 성령을 받는 성경적인 방법
- 하나님의 영광
- 은혜 안에서의 성장을 방해하는 다섯 가지
- 사랑 가운데 걷는 법
- 바울의 계시: 화해의 복음
- 당신은 당신이 말하는 것을 가질 수 있습니다
- 그리스도 안에서
- 말
- 방언기도의 능력을 풀어 놓으라
- 옳은 사고방식 틀린 사고방식
- 속량 - 가난, 질병, 영적 죽음에서 값 주고 되사다
- 네 염려를 주께 맡겨라
- 예언을 분별하는 일곱 단계
- 절망적인 상황을 반전시키기
- 당신의 믿음을 풀어 놓는 법
- 진짜 믿음
- 믿음이란 무엇인가
- 그리스도께서 지금 하고 계시는 일
- 충분하고도 넘치는 하나님 엘 샤다이
- 금식에 관한 상식
- 하나님의 말씀 : 모든 것을 고치는 치료제
- 가족을 섬기는 법
- 조에
- 당신이 알아야 하는 신유에 관한 일곱 가지 원리
- 여성에 관한 질문들
- 인간의 세 가지 본성
- 몸의 치유와 속죄
- 크게 성장하는 믿음
- 하나님 가족의 특권
- 기도의 기술
- 나는 환상을 믿습니다
- 병을 고치는 하나님의 말씀
- 영적 성장
- 신선한 기름부음
- 믿음이 흔들리고 패배한 것 같을 때 승리를 얻는 법
- 믿음의 선한 싸움을 싸우는 법
- 하나님의 계획과 목적과 추구
- 예수 열린 문
- 믿음의 계단
- 당신을 향한 하나님의 계획
- 역사하는 기도
- 기름부음의 이해
- 내주하시는 성령 임하시는 성령
- 재정적인 번영에 대한 성경적 열쇠들
- 어떻게 하나님의 영으로 인도받을 수 있는가?
- 마이더스 터치
- 치유의 기름부음
- 그리스도의 선물
- 방언
- 믿는 자의 권세(생애기념판)
- 믿음의 양식
- 승리하는 교회

■ E. W. 케넌
- 십자가에서 보좌까지 무슨 일이 일어났는가?
- 두 가지 의
- 놀라우신 그 이름 예수
- 하나님 아버지와 그분의 가족
- 나의 신분증
- 두 가지 생명
- 새로운 종류의 사랑
- 그분의 임재 안에서
- 속량의 관점에서 본 성경
- 두 가지 지식
- 피의 언약
- 숨은 사람
- 두 가지 믿음
- 새로운 피조물의 실재

■ 스미스 위글스워스
- 스미스 위글스워스의 천국
- 스미스 위글스워스의 매일묵상
- 위글스워스는 이렇게 했다
- 스미스 위글스워스의 능력의 비밀

■ T. L. 오스본
- 행동하는 신자들
- 기적 - 하나님 사랑의 증거
- 새롭게 시작하는 기적 인생

- 좋은 인생
- 성경적인 치유
- 능력으로 역사하는 메시지
- 100개의 신유 진리
- 24 기도 원리 7 기도 우선순위
- 하나님의 큰 그림
- 긍정적 욕망의 힘
- 당신은 하나님의 최고의 작품입니다

■ 잔 오스틴
- 믿음의 말씀 고백기도집
- 하나님의 사랑의 흐름
- 견고한 진 무너뜨리기
- 초자연적인 흐름을 따르는 법
- 당신의 운명을 바꿀 수 있습니다
- 어떻게 하나님의 능력을 풀어놓을 수 있는가?

■ 크리스 오야킬로메
- 여기서 머물지 말라
- 이제 당신이 거듭났으니
- 당신의 인생을 재창조하라
- 이 마차에 함께 타라
- 그리스도 안에 있는 당신의 권리
- 성령님과 당신
- 성령님이 당신 안에서 행하실 일곱 가지
- 성령님이 당신을 위해 행하실 일곱 가지
- 기적을 받고 유지하는 법
- 하나님께서 당신을 방문하실 때
- 올바른 방식으로 기도하기
- 당신의 믿음을 역사하게 하는 법
- 끝없이 샘솟는 기쁨
- 기름과 겉옷
- 약속의 땅
- 하나님의 일곱 영
- 예언
- 시온의 문
- 하늘에서 온 치유
- 효과적으로 기도하는 법
- 어떤 질병도 없이
- 주제별 말씀의 실재
- 마음의 능력

■ 앤드류 워맥
- 당신은 이미 가졌습니다
- 은혜와 믿음의 균형 안에 사는 삶
- 하나님의 참 본성
- 하나님은 당신이 건강하기 원하십니다
- 영·혼·몸
- 전쟁은 끝났습니다
- 믿는 자의 권세
- 새로운 당신과 성령님
- 노력 없이 오는 변화
- 하나님의 충만함 안에 거하는 열쇠
- 더 좋은 기도 방법 한 가지
- 재정의 청지기 직분

- 하나님을 제한하지 마라
- 하나님의 뜻을 발견하고 따라가며 성취하라
- 하나님의 참 본성
- 하나님의 최선 안에 사는 법
- 더 큰 은혜 더 큰 은총

■ 기타「믿음의 말씀」설교자들
- 성령의 삶 능력의 삶
- 복을 취하는 법
- 주는 자에게 복이 되는 선물
- 믿음으로 사는 삶
- 붉은 줄의 기적
- 당신이 말한 대로 얻게 됩니다
- 예수-치유의 길 건강의 능력
- 성령 안의 내 능력
- 존 G. 레이크의 치유
- 믿음과 고백
- 임재 중심 교회
- 성령충만한 그리스도인의 지침서
- 열정과 끈기
- 제자 만들기
- 어떻게 교회를 배가하는가
- 운명
- 모든 사람을 위한 치유
- 회복된 통치권
- 그렇지 않습니다
- 당신의 자녀를 리더로 훈련하라
- 오순절 운동을 일으킨 하나님의 바람
- 주일 예배를 넘어서
- 신약교회를 찾아서
- 내가 올 때까지
- 매일의 불씨
- 여성의 건강한 자아상

■ 김진호·최순애
- 왕과 제사장
- 새로운 피조물의 실재
- 믿음의 반석
- 새 언약의 기도
- 새로운 피조물 고백기도집(한글판/한영대조판)
- 성령 인도
- 복음의 신조
- 존중하는 삶
- 성경의 세 가지 접근
- 말씀 묵상과 고백
- 그리스도의 교리
- 영혼 구원
- 새로운 피조물
- 믿음의 말씀 운동의 뿌리
- 1인 기업가 마인드
- 내 양을 치라
- 새사람을 입으라